Eugen Drewermann
Leise von Gott reden

topos taschenbücher, Band 895
Eine Produktion des Matthias Grünewald Verlags

Eugen Drewermann

Leise von Gott reden

Meditationen

topos taschenbücher

Verlagsgemeinschaft topos plus
Butzon & Bercker, Kevelaer
Don Bosco, München
Echter, Würzburg
Lahn-Verlag, Kevelaer
Matthias Grünewald Verlag, Ostfildern
Paulusverlag, Freiburg (Schweiz)
Verlag Friedrich Pustet, Regensburg
Tyrolia, Innsbruck

Eine Initiative der Verlagsgruppe engagement

Bibliografische Information der Deutschen Nationalbibliothek
Die Deutsche Nationalbibliothek verzeichnet diese Publikation in der Deutschen Nationalbibliografie; detaillierte bibliografische Daten sind im Internet über http://dnb.d-nb.de abrufbar.

Einband- und Reihengestaltung | Finken & Bumiller, Stuttgart
Umschlagabbildung | www.photocase.de / Judywie
Herstellung | Friedrich Pustet, Regensburg
Printed in Germany

ISBN: 978-3-8367-0895-1
www.topos-taschenbuecher.de

Inhalt

Vorwort

Die Zeiten neigen sich dem Ende zu, da man vermeinte, von Gott »lauthals« reden zu müssen. Ein Gott der Äußerlichkeit und der Außenlenkung ließ sich da verkünden durch den Mund von Priestern, Predigern und kirchenamtlichen Propagandisten: kultisch in Ritualdienst und Magie, drohend in Strafgewalt und Angst, dogmatisch festgeschrieben auf die Tradition und Konvention der jeweiligen Konfession. Fremd war, was dieser Gott zu sagen hatte, entfremdend die Unterwerfung von Gemüt und Geist, die er verlangte, befremdlich, was er an Wundern und an Offenbarungen in biblischer Beglaubigung bewirkte. Wie denn: Er jagte die Menschen aus dem Paradies? Er überschwemmte die ganze Welt mit seinem Zorn? Er forderte Gehorsam bis dahin, dass Abraham sein Kind zum »Opfer« hätte bringen sollen?

Die vorliegenden Texte bringen einen Querschnitt durch eine Schichtenfolge von drei Überzeugungen, die ich in manchen Büchern, aus denen diese Auswahl stammt, ausführlich zu entwickeln und zu begründen versucht habe.

1. Liest man die Bibel durch den Filter, den uns der Mann aus Nazaret geschenkt hat, erscheint Gott ganz und gar als ein Licht ohne Dunkelheit, als eine Güte ohne Vorbedingung, als ein Verstehen und Verzeihen ohne Grenzen. Ein solcher Gott richtet nicht ab noch hin, er richtet auf, er *heilt.* Anders als heilend durch ein Wohlwollen, das nicht verurteilt, als heilsam durch eine Bejahung ohne jegliche Verneinung, als heiligend im Reifen einer immer tieferen Bestätigung sollte von dem Gott Jesu – von unserem, weil seinem »Vater« – nie mehr die Rede gehen. Keine neue Glaubenslehre, keine »Theologie«, keine »Dogmatik« lässt sich da erbauen; wohl aber lässt sich unser Leben wandeln von Angst in Vertrauen, von Aggression in Akzeptation, von Tod in Leben.

2. An dieser Stelle unterscheidet sich das Christentum spezifisch etwa vom Judentum, aus dem es kommt, oder vom Islam, der sich mittelbar selbst auf die Bibel gründet. In den Augen Jesu gibt es keine »böswilligen« Menschen, die man mit Gesetz und Strafe zur Ordnung zwingen könnte; was es gibt, sind Verlorene, Verlaufene, Verängstigte, Verzweifelte, die man herauslocken muss aus der Hölle, in der sie sich verbarrikadiert haben, die man zurücktragen muss aus der Einsamkeit und Wüstenei, in die man sie getrieben hat. »Erbsünde«? Liest man die biblische Erzählung von dem »Sündenfall« genau, erlebt man nichts an Hybris und Stolz und Ungehorsam, wohl aber an Angst, Haltlosigkeit und Scham. Menschen, die so sind, brauchen einen Gott, der selber auf die Suche geht, um sie zu finden, – die Geschichte von dem Hirten, der das hunderste verlorene Schaf der Herde heimträgt (Lk 15,1–7), ist der ganze »Inhalt« dieses »Glaubens«. Er trennt nicht zwischen den Menschen verschiedener Religionsformen, er einigt vielmehr alle Menschen in dem wesentlichen Wissen um die gleiche Not und Hilfsbedürftigkeit.

3. Die rechte »Sprache« Gottes ist deshalb das leise Wort der Liebe, das sich regt im Herzen eines jeden, als Sehnsucht stets und als Erfüllung manchmal. Symbolische Verweisung, lyrische Innigkeit und mystische Verschmelzung bilden deshalb die »Stilformen« wahrer religiöser Rede. Nicht wie etwas »historisch« war, – wie es in unserem Leben sich bewährt, nicht die Vergangenheit, Vergegenwärtigung, nicht Fakten und Fiktionen einstiger Ereignisse –, die wirksamen Faktoren unseres Daseins wollen und sollen sich verworten und verwerten, wenn von Gott die Rede geht. »Wenn du die Bibel liest, spricht Gott zu dir«, sagte Hieronymus. Jede »Predigt« möchte ein Fenster sein, das in seinen Bildern aufscheint in dem reinen Licht der Gottheit, das es zeigt, auf dass man selber sieht.

Paderborn, 20. Juni 2005

Zweitausend nach Christus

Noch einmal von vorn beginnen

Durch die Hände der Sendboten geschahen viele Zeichen und Wunderdinge im Volk. Und sie waren alle einmütig in der Halle Salomos. Von den übrigen wagte keiner, sich ihnen anzuschließen; aber groß rühmte sie das Volk. Mehr und mehr Glaubende wurden zum Herrn gebracht, Mengen von Männern und Frauen. So kam es, dass sie sogar auf die Straßen hinaus die Kranken trugen und auf Pritschen und Bahren legten, damit, wenn Petrus käme, auch nur sein Schatten auf ihrer einen fiele. Es lief aber auch die Menge aus den Städten um Jerusalem zusammen, brachte Kranke und von unreinen Geistern Geplagte; die alle wurden heil gemacht. Apg 5,12–16

Es gibt ein uraltes menschheitliches Wissen, dass man vom Glauben an Gott glaubwürdig nur sprechen kann, wenn sich darunter Menschenleid und -not beruhigt und heilen lässt. Das große Vertrauen des Lukas in dieser Geschichte aus dem 5. Kapitel der Apostelgeschichte besteht darin, zu hoffen, dass in der Kirche Christi dieses Wissen sich fortsetze und verwirkliche. Ein kennzeichnender Unterschied bestand beispielsweise in der Art, wie Johannes der Täufer von Gott redete und wie Jesus es tat. Folgte man der Predigt des Täufers, so galt es als Erstes, entschieden das eigene Leben zu ändern und den Willen anzuspannen, um Werke der Buße und der moralischen Erneuerung anzustreben und zu realisieren. Wir Menschen könnten gut sein, war das Vertrauen des Mannes am Jordan, wenn wir nur wollten. Es muss Jesus sehr schwergefallen sein, dieser einfachen und sogar wahren Botschaft der Umkehr den Rücken zu kehren. Was Jesus dazu bewogen hat, wissen wir nicht im Einzelnen, aber das Gesamtbild ist untrüglich. Er muss uns Menschen viel hilfloser, ausgelieferter, unfreier und gequälter gesehen haben, als Johannes der Täufer es je für möglich hielt. Statt mit steilen und harten Forderungen die Menschen in die richtige Richtung zu drängen, glaubte Jesus, dass es gelte, eine sehr leise und gütige Sprache zum Herzen der Menschen zu reden, bis sich darunter die Angst, das Verschreckt- und Versprengtsein besänftige und Menschen zurückfinden könnten zu sich selbst und zum Ort des Heiligtums ihres eigenen Herzens als des Tempels Gottes. Es sollte keine Verlorenen mehr geben, keine Verstoßenen mehr, keine Verzweifelten, und lediglich diese Kraft des Vertrauens sollte uns tragen wie über ein offenes Meer zurück zum Gestade des anderen Ufers. Nicht mit Drohung, nicht mit Forderung, Gebot und Gesetz sollte das menschliche Herz immer weiter verstört und in Unruhe gesetzt werden, sondern es sollte sich ordnen und wagen, selber zu leben. Es ist kein Zufall, dass wir von Jesus glaubwürdig überliefert hören, dass in seiner Nähe Menschen geheilt wurden, wenn nicht von allen Krankheiten, so doch von allerlei Gebrechen und Leiden. Es geschah, dass Menschen, die bis dahin wie verkrümmt waren, sich aufrichteten, dass Leute, die ihre eigenen Augen nie zu gebrauchen gewagt hatten und wie blind durchs Leben liefen, sich in die Sonne gehoben fühlten und vor ihren Füßen den eigenen Weg zu sehen vermochten. Andere, die bis dahin sich wie Aussatz fühlten, ein Ekel unter den Augen aller anderen, muteten sich wieder der Gemeinschaft ihrer Mitmenschen zu und glaubten an ihre ursprüngliche Schönheit und Würde. Von dieser Art waren die Werke und die Worte des Jesus von Nazaret. Und Lukas erklärt hier im 5. Kapitel seiner Kirchengeschichte, seiner Apostelgeschichte, anders könne er die Gruppe, die sich auf Jesus beruft, die Kirche des Christus, gar niemals sehen und glauben, als dass sie diese begütigende, heilende Botschaft weitergebe, so lebendig und stark, dass sie sich durch gelebte Erfahrung und gewirktes Heil fortsetze und bestätige.

Von unreinen Geistern Heimgesuchte fänden in der Nähe der Apostel zu sich zurück. Wie vieles in unserer Seele hat man für unrein befunden, wo es doch nur zu uns gehört, und, noch ehe dass es sich regen konnte, wegzensiert und wegkontrolliert als sündhaft, gemein, hässlich, gefährlich, unanständig, aufrührerisch, egoistisch. Wie aber, wenn das Unreine nur das Unfertige ist, das darauf wartet, reifen zu dürfen, und es könnte zu seiner Blüte und Größe heranwachsen, wenn nur die Angst zurückginge, die es immer wieder in den Boden stampft mit dem Terror einer gewaltsamen Moralität …

In unserer Glaubenslehre wissen wir noch von einem ursprünglichen Zusammenhang zwischen Glauben und Gesundheit, Sünde und Krankheit, ja, wir lernen und lehren, dass durch die Ursünde am Menschheitsanfang nach dem Zerfall des Paradieses und der Vertreibung überhaupt erst die Krankheit das Los unserer irdischen Existenz geworden sei, aber wir veräußerlichen diese Lehre, die tiefsinnig und weise sein könnte, indem wir den Begriff der Sünde rein äußerlich nehmen. Sündigen, das ist: bestimmte Gebote übertreten, und damit wird aus den Geheimnissen der menschlichen Existenz ein leicht aufzuzählender Katalog von immer gültigen Anweisungen. Es ist paradox, dass die Moral des Zwangs nach fertigen Schablonen vielerlei Krankheiten überhaupt erst bewirkt und dass, was in der Tiefe stimmt, sich schließlich bis zum Neurotischen verdreht. Nicht um Moral und Gebotsübertretungen geht es im Kern, wenn wir von Sünde – in der Einzahl – reden, sondern darum, wie sehr verstört und zerrissen unser Herz sein kann inmitten der Angst, im Bannkreis eines grundsätzlichen Misstrauens sich selbst und aller Welt und schließlich dem Grund unseres Daseins insgesamt gegenüber. Der Gegenbegriff zum Glauben ist nicht das Laster oder die Untugend oder der moralisch schwache Wille – der Gegenbegriff zum Glauben ist das Unvermögen, vertrauen zu können unter dem Lastdruck nicht endender Ängste. Aus *diesen* entstehen, buchstäblich, Krankheiten. Wenn wir uns nur noch fühlen wie Vertriebene, Ausgesetzte, Verlaufene inmitten einer fremden und gottverfluchten Welt, dann ist es kaum anders zu erwarten, als dass wir, Exzentriker der Angst, die wir sind, bis in den Körper hinein uns fremd werden und als bedroht erleben. Für gewöhnlich fühlen wir uns sogar gehalten, so abgespalten zu sein, dass wir ohne Rücksicht auf uns selber alles Mögliche durchzusetzen und durchzupeitschen suchen, bis dass am Ende unsere Seele nur noch in der Symbolsprache der Träume sich meldet und in der Symptomsprache der Krankheit unser Körper.

Es ist am Ende die Krankheit der letzte Appell an unsere verbliebene Vernunft, um auf Wahrheiten aufmerksam zu machen, die wir, oft mit dem besten Willen, immer wieder verleugnen. Dabei kommt uns das heutige Weltbild sehr entgegen. Wir haben mit dem Beginn der Neuzeit eine Menge von unserem Körper kennengelernt, aber nach einem Modell, das nur begrenzt richtig ist. Die Körperwelt – und darin unser Leib – hat sich uns dargestellt als ein Gebilde in Raum und Zeit, geordnet nach Gesetzen der Natur: physikalischen, chemischen, im Grunde mechanischen. Störfälle innerhalb dieses Getriebes ließen sich, so war unsere Meinung, am besten wieder mit chemischen, physikalischen, mechanischen Mitteln reparieren und korrigieren. Was irgend innerhalb dieses Modells zutrifft, wird praktisch handhabbar, aber wir können am Anfang des einundzwanzigsten Jahrhunderts kaum noch übersehen, dass die Einseitigkeit dieses Weltbildes unzählige Krankheiten neu erzeugt, über die wir nicht Herr werden, solange wir Sklaven dieser Perspektive bleiben. Vornehmlich die Religion sollte ihren Beitrag leisten, kritisch ein Weltbild und Menschenbild zu verändern, das von der Seele kaum etwas weiß, von den Gefühlen des Menschen kaum noch etwas zur Kenntnis nimmt und immer weiter uns Menschen zu Maschinen erklärt, indem das Leben selber bis zum Mechanischen hin planbar, verwaltbar, formbar wird. Wir rechnen mit dem Kompliziertesten am allerwenigsten: mit dem, was Menschen in sich selber sind als fühlende, denkende, unvertauschbare Wesen. Man wird sogar zugeben müssen, dass das Christentum selber sein gerütteltes Maß an Schuld an dieser Veräußerlichung trägt, ja, es ist in gewissem Sinn sogar diese Lesung, an der man beobachten kann, wie es dazu kommt.

Bildhaft gesprochen wäre sie wunderbar: Da heilt ein Mann wie Petrus von unreinen Geistern Geplagte einfach dadurch, dass es ihn gibt. Seine bloße Gegenwart heilt, und es ist sein Schatten, der die der Hitze des Lebens Ausgesetzten so sanft berührt, dass er kühlend und lindernd wirkt – wunderschöne Bilder, würden sie so verstanden. In ihrer Wirkungsgeschichte zeigen sie sich gänzlich anders. Es ist nicht die *Person* des Petrus, die da heilt, es ist er, der Petrus und Felsenmann als *Amtsträger*! Er tut überhaupt nichts weiter, als dass er dasteht oder vorübergeht, und darin liegt die Heilung. Es ist dahin gekommen, dass wir in der Kirche an so etwas wie Heilung durch Glauben überhaupt nicht mehr glauben. Wir lehren heute sogar in der Glaubenskunde, dass sich die Wunder Jesu – man muss es für wahr nehmen – wirklich fortsetzen in den Sakramenten der Kirche. Durch diese wird niemand mehr geheilt, sie verwalten sich fast bis zum Erfahrungslosen, bis zur Routine, wieder bis zum Mechanischen. Wir verpassen das Wichtigste und müssen es heute in der Kirche wieder lernen: von den so abgespaltenen, fast feindlich gewordenen Brüdern des Christus, von Psychologen, Psychotherapeuten, Psychoanalytikern, Leuten, die geduldig und langsam versuchen, dem Verdrängten, Zerstörten, dem für unrein Erklärten nachzugehen, auf keinem anderen Weg, als den Jesus selber beschritt. Es kostet so viel, Menschen zu sich selber zurückzuholen. Gut denn, es geht nicht, für gewöhnlich, durch ein Wunder im Sinn einer plötzlichen Explosion, durch etwas Unbegreifbares, das vom Himmel fällt; uns dauern die Wunder sehr viel länger. Sie kosten uns als Menschen mehr.

Aber wer hat uns eigentlich gelehrt, es müsse bei dem Unfug bleiben, der uns heute noch normal scheint, dass wir für drei Viertelstunden heilenden Gesprächs beim Psychotherapeuten fünfzig Euro und mehr bezahlen und im Übrigen legitimiert sind, einfach so weiterzuleben, mechanisch, tüchtig, fleißig, bis zum Kaputtmachen und bis zum Kaputtgehen, und mehr ist überhaupt nicht zu erwarten, als dass Heilen heißt, irgendeine Reparaturwerkstatt anzufahren, in der man dann wieder fit gemacht wird für den Rest des Lebenskampfes? Es ist doch nicht Menschlichkeit, was wir da für normal erklären, und es hat mit den Visionen des Jesus von Nazaret kaum etwas zu tun!

Das Johannesevangelium bekam es fertig, zu sagen: Er war und in ihm lebte das Wort Gottes an uns. Sollten wir nicht zweitausend Jahre nach dem Mann von Nazaret in irgendeiner Form lernen können und wollen, es gelte, Worte zueinander zu sprechen, in denen Schwingen des Himmlischen die Seele des anderen berühren und aufheben und tragen und umfangen bis zu einem Vertrauen, das heilt, und es seien menschliche Worte im Stande, Bilder und Träume und die verschwiegene Poesie seines Herzens so zur Sprache zu bringen, dass es sich darunter noch einmal neu formt und ganz wird, und wir Menschen könnten so sensibel und fein aufeinander zugehen, dass einander zu berühren bedeuten würde: einander ins Licht zu heben und die Reinheit und Schönheit des Wesens sichtbar zu machen? Zweitausend Jahre nach Christus, das müssen wir ehrlich sagen, gilt es, noch einmal ganz von vorn zu beginnen und jeden Schritt neu zu lernen, weil wir verloren haben, wer Jesus Christus war. Eine Religion, die nicht heilt, ist eine nichtssagende, geschwätzige Religion und sicher nicht die des Jesus Christus von Nazaret. Eine Glaubenslehre, die sich nur aufsagt, ohne den Menschen etwas zu sagen, ist gerade das, was Jesus überwinden wollte.

Paradies und »Sündflut«
Wie gelangt ein Mensch zu Gott?

Der Sündenfall oder: Die Schlange hat unrecht

Die Schlange war schlauer als alle Tiere des Feldes, die Gott, der Herr, gemacht hatte. Sie sagte zu der Frau: Hat Gott wirklich gesagt: Ihr dürft von keinem Baum des Gartens essen? Die Frau entgegnete der Schlange: Von den Früchten der Bäume im Garten dürfen wir essen; nur von den Früchten des Baumes, der in der Mitte des Gartens steht, hat Gott gesagt: Davon dürft ihr nichts essen, und daran dürft ihr nicht rühren, sonst werdet ihr sterben.

Darauf sagte die Schlange zur Frau: Nein, ihr werdet nicht sterben. Gott weiß vielmehr: Sobald ihr davon esst, gehen euch die Augen auf; ihr werdet wie Gott und erkennt Gut und Böse. Da sah die Frau, dass es köstlich wäre, von dem Baum zu essen, dass der Baum eine Augenweide war und dazu verlockte, klug zu werden. Sie nahm von seinen Früchten und aß; sie gab auch ihrem Mann, der bei ihr war, und auch er aß.

Da gingen beiden die Augen auf, und sie erkannten, dass sie nackt waren. Sie hefteten Feigenblätter zusammen und machten sich einen Schurz. Gen 3,1–7

Was ist es, was den Menschen böse macht? Diese Frage stellt sich die Bibel auf den ersten ihrer Seiten, und sie ist die quälendste von allen Fragen, die wir uns selber vorlegen, wenn wir unser eigenes Herz nicht begreifen oder fremde Bosheit und Arglist bis zur Zerstörung, bis zur Auslieferung fühlen.

Es sind die Urzeiterzählungen der Völker, die diesem Rätsel gewidmet sind, und niemals wollen sie erzählen über etwas Vergangenes, vielmehr stets über den Vorgang, der immer vom Menschen Besitz ergreift, wenn er ins Böse fällt.

In Urzeit schon war dies so, weil es immer so war und immer so sein wird. An der Welt liegt es nicht, meint die Bibel. Sie ist von Gott geschaffen, und sie könnte dem Menschen zur Verfügung stehen wie ein Paradies, wie ein Garten, darin er selbst bestimmt wäre, glücklich zu sein. Alles in der Natur ringsum ist großartig und weise gefügt, wenn nur wir Menschen unser eigenes Maß, unser eigenes Ziel finden wollten.

Wie ist es möglich, dass Menschen dahin gelangen, dem Ursprung ihrer Existenz und dem Quellgrund ihres Glücks zu entsagen? Woher kommt die Trennwand, die sich zwischen Mensch und Gott zu schieben vermag? Woher kommen die Zäune und die Stacheldrähte, mit denen Menschen sich voreinander schützen? Und was nötigt uns die Verriegelungen und Einkerkerungen auf, die unser Denken von unserem Fühlen getrennt halten? Die gewöhnliche Lehre über die Schuld des Menschen lautet, dass wir alle ein Stück besser sein könnten, wenn wir nur wollten. Das ist richtig, und niemand wird es bezweifeln. Aber es beantwortet nicht die unheimliche Energie und Kraft des Bösen. Ein bisschen besser könnten wir sein, aber das Problem ist, warum wir so oft eingekerkert sind in die Wände der Bosheit – genauer: nicht nur oft, sondern in gewissem Sinne ständig. Die gewöhnliche Lehre darüber besagt, wir Menschen trügen eine Neigung zu Schuld und Sünde aus Hochmut und Ungehorsam. Gott selber wird vorgestellt nach der Art eines weisen Gesetzgebers, dessen Gebote wir nur zu halten brauchten, um selber im Glück und im Frieden mit uns selbst zu bleiben.

Es sei dahingestellt, wie klar einem Menschen die Gebote Gottes sein können. Aber wenn Gott dem Menschen etwas Wesentliches zu sagen hat und Menschen fähig sind, es bis in die Tiefe ihrer Existenz hinein zu fühlen, woher kommt dann die Regung, diesen allerweisesten und gütigsten Worten der Macht, welchen wir unser Dasein verdanken, zu widersprechen? Ungehorsam kann man sein, wenn man Befehle nicht versteht, wenn die eigene Würde beleidigt ist, wenn man sich unterdrückt fühlt und gegenüber einem diktatorischen Willen die Freiheit beansprucht. Der Ungehorsam kann produktiv und kostbar sein. Was uns Menschen bestimmt, Gott zu widersprechen, erklärt sich nicht mit so simplen menschlichen Begriffen. Stolze Menschen kennen wir, und den Stolz in uns selber fühlen wir, aber niemals ohne zu spüren, wie sehr wir uns im Grunde misstrauen, wie unsicher wir uns selbst gegenüber sind und wie am Rande der Selbstverachtung wir uns vorkommen, wenn wir glauben, vor den anderen mehr repräsentieren zu müssen, als wir sind. Stolz ist keine ursprüngliche Art, zu fühlen und zu handeln. Stolz ist die Reaktion auf Minderwertigkeitsgefühle. Nichts ist mit der gewöhnlichen Lehre über menschliche Schuld beantwortet, und endgültig werden wir Abschied nehmen müssen von den praktischen Theorien, die uns einreden, wir brauchten nur ein bisschen über uns nachzudenken, den Willen zusammenzuraffen, hier und da eine Tat zu bereuen, Wiedergutmachung zu geloben und alles wäre in Ordnung.

Die Sünde ist furchtbar. So jedenfalls beschreibt sie die Bibel. Sie wird an den Menschen herangetragen von dem geheimnisvollsten Wesen der Mythologie, von der Schlange, einer überragenden Intelligenz, der die Menschen, zunächst ohne es zu merken, zum Opfer fallen. Wenn du von dem Problem des Bösen irgend etwas verstehen willst – so meint es dieser Mann, dem wir den Bericht vom Sündenfall verdanken –, dann hör auf, dir einzureden, die Sünde würde durch bösen Willen erzeugt. Das stimmt niemals oder nur an der Oberfläche. Du musst, wenn du das Problem des Bösen verstehen willst, die Menschen betrachten als Überlistete, als Hereingelegte, als die Opfer einer Verführung, die ihnen weismacht, nur so könnten sie den Weg ihres Glücks beschreiten, und viel zu spät merken sie, dass das, was sie am Ende bekommen, das pure Unglück ist.

Listiger war die Schlange als alles, was Gott selbst sonst gemacht hatte, und noch ehe sich der Vorhang auf der Bühne heben wird, ist dieser kleine Hinweis schon die vorweggenommene Erklärung der ganzen folgenden Tragödie. Die erste Probe der menschlichen Überlistung, die ersten Schläge auf den Keil, der sich zwischen Gott und Mensch treibt, hören wir aus dem Mund der Schlange mit einer fast harmlos klingenden Frage anheben, einer Erkundigung nach dem, was Gott gesagt hat: ob wohl Gott gesprochen hat: »Von keinem der Bäume des Gartens dürft ihr essen.« Ich frage mich: Welch eine Verführung könnte fantastischer beginnen, als indem man sich nach einem Gotteswort erkundigt? Welche Frage könnte vornehmer sein, als wissen zu wollen, was Gott gesprochen hat? Nur dass die Schlange bei ihrer Frage im Grunde Gott in Frage stellt. Sie unterschiebt ihm eine Rede, die ihm völlig fremd ist. Dennoch ist der Gedanke möglich, ob nicht Gott vielleicht die ganze Welt geschaffen hätte voller Glücksmöglichkeiten, randvoll, dem Menschen in all seinen Wünschen bereitzustehen, zur Freude und zum Glück, nur um sie dem Menschen vorzuenthalten und unter Verbot zu stellen. Es ist das erste Mal, dass von Gott fragend die Rede ist, und würden wir an einer Erhebung teilnehmen, wie wir über Gott denken, wir würden im Umkreis der gegenwärtigen Theologie der Schlange auf jene Frage herzhaft mit Ja antworten. So, ohne Frage, erleben wir Gott. Er hat eine ganze Welt gemacht, und sie wäre an und für sich schön, wenn nicht alles, was schön wäre, sündhaft wäre. Wenn das stimmt oder auch bloß stimmen würde, hätte man, was wir heute Religion nennen: Wir bemühen uns, Gott treu zu sein, zähneknirschend, unwillig und ständig in dem Verdacht, dass sich auf die Seite Gottes zu schlagen bedeutet, in den Glücksmöglichkeiten der Welt Einbuße zu erleiden.

Es ist eine infame Infragestellung, mit der die Schlange spielt, und wir erleben den Menschen, die Frau, wie sie sich verzweifelt Mühe gibt, Gott ins rechte Licht zu rücken. »So hat Gott nicht gesagt«, spricht die Frau, und selber ruft sie sich in Erinnerung, was Gott in Wahrheit gesprochen hat. Wort für Wort wiederholt sie sein Gebot. Dies, denke ich, muss man wissen, wenn man verstehen will, wie Menschen sündigen. Noch einmal: Solang es nur um bösen Willen, Stolz und Ungehorsam geht, könnten wir einigermaßen einfach demütig, gehorsam und gut sein. Das Problem beginnt damit, dass wir Menschen uns aufs verzweifeltste bemühen, richtig zu sein und zu bleiben, uns auf die Seite Gottes zu schlagen, und es dennoch nur zu tun vermögen im Bannkreis der Angst. Denn während die Frau das Gebot Gottes wiederholt, fügt sie hinzu, was Gott gar nicht gesagt hat, was aber für sie jetzt das Gebot Gottes bedeutet: nicht einmal rühren sollte sie an den verbotenen Baum, sonst würde sie sterben.

Eine einzige Frage der Schlange, und verändert hat sich das ganze Bild von Gott und mit ihm die gesamte Welt. Es ist jetzt, dass Gott selber zuzutrauen ist, er könnte wie ein Würgeengel herniederfahren und den Menschen hinrichten. Weit entfernt ist das Gefühl, dass Gott ein Gebot nur erlassen hat, um den Menschen im Umkreis seines Glücks zu schützen. Er selber, der Grund unserer Existenz, verwandelt sich jetzt in eine menschliche Gegenmacht der Angst. Wehe, wenn wir seine Gebote nicht halten! Er selbst erscheint wie ein Prinzip des Todes, wie ein Regent von despotischer Gewalt. – Die Frau hat, während sie versucht, sich die Hände zu verbinden, Angst vor allem, vor dem Baum im Garten, vor sich selber, die das Böse tun könnte, vor Gott, der es verboten hat. Es gibt keinen Ort und keinen Standpunkt mehr, der nicht von Angst zerfasert wäre. Da hinein spricht die Schlange ihre Worte der Beruhigung: »Sterben, sterben werdet ihr nicht.« Grade darauf wartet man, dass die Angst verginge. Und die Schlange schickt noch eine Erklärung nach, nun wirklich diabolisch: nicht wir Menschen müssten Angst vor Gott haben, sondern Gott selber habe aus Angst sein Zwinggebot erlassen, um den

Menschen niederzuhalten. Grausam sind die Despoten, die die Untergebenen zu fürchten haben, und die Schärfe des Verbotes Gottes ist also nur ein Beweis seiner geheimen Schwäche.

Wenn unsere Frömmigkeit sich verformt zu einer bloßen Tyrannei der Angst, kann es von einem bestimmten Zeitpunkt an des Menschen Pflicht sein, sich seines Gottes zu entledigen. Da geschieht es dann, dass alles Glück der Welt sich versammelt in dem einen Punkt, der verboten ist. Kein Weg im Paradies mehr, der nicht zu der Stelle führen wollte, an der das Schild steht: Nicht daran rühren. Und kaum nimmt die Schlange die Angst aus dem Herzen der Frau, verdichtet sich der Inbegriff alles Erstrebenswerten unwiderstehlich in diesem einen Baum und seiner Frucht. Wie hypnotisiert greift sie jetzt zu, selber wie Gott, selber wissend – so hofft sie.

Das Problem von uns Menschen ist niemals, dass wir nicht bekämen, was wir wollen. Das Problem der Sünde ist, dass wir aufs Wort bekommen, was wir erstreben, und es sieht ganz anders aus. Denn kaum, dass uns die Augen aufgehen, merken wir, was wir selber sind ohne Gott: nur Staub, beschämend nackt, hilflos, ausgesetzt, ohnmächtig und ohne jede Würde. Gott hatte Grund, uns den Baum der Erkenntnis zu versagen; denn der Inhalt dieser Erkenntnis von dem, was uns nützt und schadet, uns glücklich macht und verzweifelt sein lässt, ist in moralischem Sinne Gut und Böse. Wir hätten niemals sehen sollen, was es bedeutet, als Geschöpf ohne unseren Schöpfer leben zu müssen, wie verzweifelt sich ohne Gott aus Segen Fluch gebiert und wie wir beginnen müssen, uns selbst zu hassen in unserer Unansehnlichkeit, wenn nicht mehr die Augen unseres Schöpfers wohlwollend auf unserem Dasein ruhen. Alles an Not und Krampf, an tödlichem Widerspruch und Qual entsteigt dann dem Gefühl der Scham, der Staubgeburt und Nacktheit. Wir werden ewig ankämpfen gegen unsere Erbärmlichkeit. Da haben dann Stolz und Ungehorsam und Hochmut, prometheischer Wahn und titanenhaftes Streben ihren Platz. Endgültig herausgeschleudert sind wir aus Maß und Ziel, verbannte Kinder Evas.

Wie wir davon erlöst werden, böse sein zu müssen in der Angst, ist der ganze Weg, den die Bibel fortan beschreiben wird. Gott wird den langen Weg unserer Geschichte mit uns gehen. Er wird versuchen, einen jeden von uns an die Hand zu nehmen und begütigend ihm zu sagen: Du kannst mich wiederfinden. Die Schlange hatte unrecht. Und glaube niemals mehr den Verleumdern Gottes. Höre nie mehr auf diejenigen, die dir sagen: die Welt ist gut, aber Gott verbietet sie dir. Höre nie mehr auf die Ohrenbläser, die erklären, die Gebote Gottes dienten nur deiner Unterdrückung. Gott ist dein Verbündeter, und das einzige, weswegen er dich wollte, ist, dass du randvoll glücklich seiest inmitten einer Welt, in der du geborgen leben kannst. Kein Grund mehr zur Bosheit, wenn Menschen zum Glück zurückfinden jenseits der Angst.

Die »Sündflut« oder: Wachsen in der Güte Gottes

Dann sprach Gott zu Noach und seinen Söhnen, die bei ihm waren: Hiermit schließe ich meinen Bund mit euch und mit euren Nachkommen und mit allen Lebewesen bei euch, mit den Vögeln, dem Vieh und allen Tieren des Feldes, mit allen Tieren der Erde, die mit euch aus der Arche gekommen sind. Ich habe meinen Bund mit euch geschlossen: Nie wieder sollen alle Wesen aus Fleisch vom Wasser der Flut ausgerottet werden; nie wieder soll eine Flut kommen und die Erde verderben. Und Gott sprach: Das ist das Zeichen des Bundes, den ich stifte zwischen mir und euch und den lebendigen Wesen bei euch für alle kommenden Generationen: Meinen Bogen setze ich in die Wolken; er soll das Bundeszeichen sein zwischen mir und der Erde. Balle ich Wolken über der Erde zusammen und erscheint der Bogen in den Wolken, dann gedenke ich des Bundes, der besteht zwischen mir und euch und allen Lebewesen, allen Wesen aus Fleisch, und das Wasser wird nie wieder zur Flut werden, die alle Wesen aus Fleisch vernichtet. Gen 9,8–15

Es gibt einen Typ von Frömmigkeit und Religiosität, in dem Gott wie ein höheres Prinzip der Moralität und der idealen Menschlichkeit erscheint. Angeleitet von einer solchen Form der Gottesvorstellung, kann ein Mensch sich nur mit aller Anstrengung mühen, Schritt für Schritt und Stufe für Stufe die Himmelsleiter emporzuklettern, bis er Gott näher ist durch seine Rechtschaffenheit, Vollkommenheit und Reinheit.

Schon auf den ersten Seiten der Bibel erleidet diese Form, Gott zu verehren, ihren furchtbaren Zusammenbruch. Denn wenn wir beginnen, die Welt und uns selber mit den Augen der Vollkommenheit, der unfehlbaren Perfektion, der glasklaren und absoluten Reinheit zu betrachten, werden wir bald merken, dass der Mensch seines Schöpfers unwürdig ist. Immer drückender werden die Gefühle der Schuld, der geforderten Wiedergutmachung und der Verpflichtung werden, und immer unentrinnbarer wird der Teufelskreis. Wer einen ganz reinen, gestrengen und gerechten Gott entwirft, wird ihm eines Tages zutrauen müssen, was die Mythen der Völker immer wieder ihren Göttern zugetraut haben: dass der Schöpfer eines Tages selber in Anbetracht seiner Schöpfung zornentbrannt einschreitet, indem er sein eigenes Spiegelbild in den Geschöpfen nicht mehr erkennt und beschließt, die Welt, die er gemacht hat, zu reinigen vom Auswurf besonders des Menschen. Es ist die Stunde, da Gott, um die Welt zurückzuführen zu ihrem reinen Ursprung, es regnen lässt, bis alles Leben ausgerottet wird – ein furchtbares Bild der Strafe, aber in gewissem Sinne sogar der Gerechtigkeit, denn ganz falsch ist der Gedanke nicht, wenn wir ein bisschen ehrlich sind. Wer von uns dürfte denn leben, wenn man ihn misst mit der strengen Elle von Gut und Böse, von Lauter und Unlauter, von Richtig und Falsch, von Vollendet und Unvollendet? Gewiss, man kann sich etwas vormachen und denken, man komme mit einem solchen Maßstab schon ganz gut zurecht, irgendwie bemühe man sich, die Dinge richtig zu tun, und dann wären sie's wohl auch. Aber so stimmt es nicht. Wer den Mut hat, genauer hinzusehen, wird bald merken, dass die bürgerliche Durchschnittsordnung die Angst seines Herzens nicht zu beruhigen vermag. Es nützt nicht, dass man die Gesetze und die Paragraphen des Bürgerlichen Gesetzbuches im Großen und Ganzen einhält; irgendwann wird man sich für die Motive, für die Gefühle, für die Affekte, für den unbewussten Untergrund der Seele interessieren müssen. Und immer abgründiger und unheimlicher wird man sich dann selber. Für die Menschen, die es ernst meinen und die konsequent sind, wird die Bilanz immer düsterer, immer verzweifelter, so wie für den Mann Paulus vor Damaskus. Er hat sein Leben lang sich bemüht, Gott treu zu sein in den mehr als 600 Gesetzen des Alten Testamentes, und gefunden, dass dies nicht geht, beim besten Willen nicht geht. Wenn man das Wort Gottes, soweit es sich gesetzlich äußert, beim Wort nimmt, werden grade die Wohlmeinenden, die ernsten Gemüter, die nicht flach über das Leben Hinweghuschenden in die Verzweiflung getrieben – fast wie mit System. Das ist der Augenblick, wo man den Gott zu begreifen beginnt, der die Sündflut machte, eine saubere Lösung für eine reine Welt. Wer sie sich vorsetzt, wird nicht aufhören können mit dem Ausfegen, dem Umkehren, im Grunde mit dem immer weiter fortschreitenden Zerstören.

Ein modernes Bühnenstück hat einmal versucht, einen Mann und eine Frau über die Greuel der menschlichen Geschichte ins Gespräch zu bringen.

»Man hätte«, sagt der Mann wütend, »doch die Kerle einfach ausrotten, eine neue Sündflut verhängen sollen. Die,

die KZs bauten, die die Kriege vom Zaun brachen, über all diese Wüstlinge, Mörder, gehorsamen Idioten hätte man es regnen lassen sollen, bis dass sie einfach weggeschwommen wären.«

»Und wen sollte man dann leben lassen?«, fragt die Frau.

»Nun ja, leben lassen sollte man die Musiker, die Künstler, die Dichter, die guten Menschen eben.«

»Aber weißt du«, fragt die Frau, »dass die Leute, die die KZs leiteten, abends Beethoven hörten und Geige spielten? Es waren keine anderen, es waren dieselben Menschen.«

Bei allem Entsetzen über die Welt gibt es keine reine Lösung. Deshalb, so meint dieser Text der Bibel, müssen wir begreifen, dass Gott anders ist als nur ein gestrenger Richter. Unser Leben könnte noch einmal beginnen, wenn es sich in Gott verwurzelt und wenn wir denken dürfen, Gott wird uns aushalten durch alle Zeiten unseres Lebens und der menschlichen Geschichte. Dass es uns gibt und geben darf, zeigt, dass Gott unser Verbündeter ist.

Offensichtlich hat Gott seit dem Tag der Sündflut darauf verzichtet, eine reine Welt und eine reine Menschheit vor Augen zu haben. Aber dafür möchte er, dass wir ihn begreifen in den tieferen Haltungen der Geduld, des Verstehens und der Güte. Es ist, dass Gott einen Bund schließt mit uns und aller Kreatur, und es ist der Moment, in dem die ganze Schöpfung wie zusammengefasst scheint. Nur an dieser Stelle der mehr als 1400 Bibelseiten erscheint einmal sogar die Kluft zwischen Mensch und Tier für einen Moment wie aufgehoben. Nicht nur uns selber, auch all unsere Mitgeschöpfe ringsum sollten wir sehen dürfen als Verbündete Gottes und Gott selber als den Verbündeten von allem, was er geschaffen hat.

Gewiss bezieht sich das auf den Umgang mit uns selber; es bedeutet, dass wir endgültig keinen Grund mehr haben, das so genannte Tierische in uns Menschen abzutöten, auszurotten und niederzukämpfen. Vielleicht war es nicht richtig, die Jahrmillionen der Evolution, in denen die Menschen sich aus dem Tierreich entwickelt haben, einfach zu verdrängen und zu vergessen, denn die Menschwerdung geht in dem Herzen eines jeden Menschen weiter. Ein jeder braucht Geduld, Verständnis und Güte, um von Tag zu Tag menschlicher und Gott näher zu werden. Niemand hat Grund, die warme und gütige Kraft der Schöpfung, aus der wir hervorgegangen sind, zu verleugnen.

Und das andere gilt genauso: Wir haben weder Grund noch Berechtigung, uns über unsere Mitgeschöpfe aufzuwerfen zu Zwingherren und Ausbeutern.

Da dies die einzige Stelle der Bibel ist, die Mensch und Tier unter den Händen Gottes für Verbündete erklärt, liegt mir daran, etwas zu tun, zu dem sonst nirgendwann Gelegenheit gegeben wird.

Es hat in früheren Jahren die Kirche am Beginn der Fastenzeit stets gemahnt, die Speise einzuschränken, insbesondere die Fleischnahrung. Ich denke, es besteht Anlass, einmal darüber nachzudenken, wie wir mit unseren Mitgeschöpfen leben, und ich glaube, dass da ein Punkt ist, den das Christentum fast stets verschwiegen hat, in dem aber Motive enthalten sind, die eine gute Begründung einer gewissen Form nicht so sehr von Fastenzeit, aber von wohlwollenderem Umgang mit der Kreatur ringsum geben könnten.

Ich denke, es wird niemanden unter uns geben, der nicht seit Kindertagen gerührt ist von irgendeinem seiner Haustiere, der Katze in ihrer Geschmeidigkeit, dem Hund in seiner Treue und Wachsamkeit, dem Hahn in seinem Stolz, dem Kanarienvogel in seinem Gesang. Kurz, wir alle lieben die Tiere selbstverständlich. Aber wir sind dieselben Leute, die wenig dabei finden, dass Millionen Tiere für den Speisetisch gequält werden, auf grausame Weise, mit System, technisch als Teil der Nahrungsmittelproduktion, man muss schon sagen: hergestellt, verarbeitet und anschließend angeliefert werden, appetitlich frisch. Uns ist das ganz normal geworden, und wir haben nie gelernt, darin ein Problem zu sehen. Es existiert aber ein ganz großes Problem darin. Die Tiere sind Verbündete Gottes, und sie verdienen nicht, dass man so mit ihnen umgeht.

Sie können sagen: »Welcher Unsinn; wenn wir einen Hund halten, frisst er Fleisch; wieso sollen wir Menschen das nicht dürfen?« – Ebendeshalb, weil wir Menschen sind und keine Hunde. Wir können nachdenken, was das Tier nicht kann. Wir sind nicht nur ein Teil der Nahrungskette, Gott sei Dank, also dass wir imstande sind, menschlicher mit den Tieren umzugehen, und ich finde, das sollten wir. Aus menschlichen Gründen zum ersten. Jedes Kilogramm Fleisch kostet sieben Kilogramm Nahrungsmittel, zum größten Teil hergestellt in den Ländern der Dritten Welt. Wir importieren diese Nahrungsmittel nur für den Gaumen. Es ist schwer, Nahrungsgewohnheiten zu ändern, aber es besteht oft viel Grund, lange Irrtümer der Gewohnheit aufzugeben. – Der andere Grund ist einfach der des Mitleids. Tiere leben zu lassen ist schöner, als sie zu töten, und vielleicht hat George Bernard Shaw, der englische Schriftsteller, ganz recht, wenn er sagte: Die Zeit wird kommen und hoffentlich bald, wo man das Essen von Tieren als genauso roh empfindet wie das Essen von Menschen. Dann wird man das Christentum fragen, warum es das nicht eher gesagt hat, warum es den Bund Gottes mit Noach und aller Kreatur nicht einmal so ausgelegt hat, dass gilt: die Pflanzen, die Tiere, die Vögel, alles Vieh ist zu betrachten als Bündnispartner Gottes. Und wir selber auf der Seite Gottes sollten gütig sein mit all den Geschöpfen.

Es gibt den so wunderbaren Psalm 104, in dem der Beter sagen kann: Gott hat die Schlange im Meer geschaffen, einfach, damit sie ihre Freude daran haben kann. Und dasselbe wird man von allen Tieren dieser Welt sagen können. Ich mag nicht glauben, dass Gott sich freut, wenn wir, reinweg für uns, ganz unnötig, immer wieder wie selbstverständlich Tiere quälen. Wir sind dadurch nicht bessere Menschen. Wir werden damit nur abgestumpfter, gedankenloser und in gewissem Sinn brutaler. Jedes Kind wäre entsetzt, zu sehen, was wir Erwachsene für selbstverständlich halten. Und was hindert uns, aufzuhören damit, Erwachsene zu sein? Die Güte Gottes ist universell, und ein wenig können wir sie leben. Was früher die Kirche als Ausnahme zur Selbstvervollkommnung lehrte, könnte dann ein Ausdruck geläuterter Beziehung zu uns selber und zu aller Kreatur ringsum sein. Was Gott über alle Geschichte verheißt, gilt dann. Es mag sein, dass in unserem eigenen Herzen sich oft Angst und Traurigkeit wie ein Gewölk am Himmel zusammenballen. Wir aber werden aufschauen und mitten in der Dunkelheit das Licht Gottes sehen dürfen, wie es sich bricht in der Vielfalt der Farben als Regenbogen der Hoffnung. Niemals wird auf Erden mehr die Zerstörung das letzte Wort haben, die Grausamkeit, die Gerechtigkeit, die Aburteilung. Aber wachsen dürfen wir gemeinsam in der Güte Gottes.

Nur zu zweit gelangt man in den Himmel

Zur selben Zeit kamen einige vorbei, die ihm von den Galiläern berichteten, deren Blut Pilatus mit ihren Schlachtopfern vermischt hatte. Und er hob an und sprach zu ihnen: Meint ihr, unter all den Galiläern seien nur diese Galiläer Sünder gewesen, weil sie dies erlitten haben? Mitnichten – ich sage euch vielmehr: Wenn ihr euch nicht bekehrt, geht ihr alle ebenso zu Grunde. Oder jene achtzehn, auf die der Turm von Schiloach stürzte und sie tötete: Meint ihr, nur die seien gegenüber allen anderen Menschen, die Jerusalem bewohnen, schuldig gewesen? Mitnichten – ich sage euch vielmehr: Wenn ihr euch nicht bekehrt, geht ihr alle ebenso zu Grunde. Lk 13,1–5

Dies ist einer der ganz wenigen Evangelientexte im Neuen Testament, welche die wohl unheimlichste Frage im Verhältnis des Menschen zu Gott aufgreifen: die Frage nach dem Unrecht, das Menschen von Menschen und von Seiten der Natur zugefügt wird. An vielen Stellen sonst spricht Christus von dem Vertrauen, das wir gegen alle Angst und gegen alles Wehklagen in den Gang der göttlichen Führung haben dürfen und sollen. Hier aber drängen die Leute verschreckt zu ihm und machen zu ihrer eigenen Beruhigung sich selber ein bestimmtes Urteil von Gott, das Christus zu einer Stellungnahme zwingt, wie er sie in dieser Weise an keiner Stelle sonst abgibt.

Man muss die Not der Leute, die zu Christus kommen, wohl verstehen. Wie kann es sein: Menschen stehen am Altar, sind mitten im Gottesdienst, im Angesicht des Heiligen, da fallen Heiden und Gottlose meuchlings über sie her und schlachten sie selber als Opfer auf das grausamste ab. Wie kann der Gott, an den man glaubt und den man ehrt, solches zulassen?

Diese Frage ist so furchtbar, dass sich Israel seit Jahrhunderten darüber zu beruhigen suchte. Gott ist gerecht, sagten die Theologen, die Priester und die Schrifterklärer, Gott wird seine Gründe haben, wenn er dies zulässt. Auf der Seite des Ewigen gibt es keinen Irrtum. Wenn also über Menschen Unrecht hereinzubrechen scheint, ist dies nur scheinbar. Der Allwissende hat sicher Kunde von den verborgenen Fehlern des menschlichen Herzens, sie ahndet er, geheime Schuld rächt er an den nur scheinbar Nichtschuldigen. Es ist eine Art von Theologie, die Gott freispricht. Aber Christus meint: Sie ist nicht menschlich; sie begleicht die Rechnung zwischen Gott und Mensch auf Kosten des Erbarmens, derart dass man die Unglücklichen schließlich zusätzlich zu allem Leid noch im moralischen Sinne verurteilt. Dagegen legt der Herr sein Veto ein. So kann man nicht denken, meint er. Es ist, um es noch einmal zu sagen, eine der ganz wenigen Stellen im Neuen Testament, wo Christus sich von der eigenen Güte gedrängt sieht, das Antlitz Gottes zu umhüllen, das Bild seines Vaters vom Menschen wegzurücken.

Ein anderes Beispiel: In Schiloach ist ein Turm eingestürzt und hat eine Gruppe von Menschen erschlagen. Der Vorfall ist in aller Munde. Und wieder ist der Schrei des Entsetzens: Wie kann Gott dies dulden? Wieder ist die Erklärung, dass Gott in seiner Weisheit Gründe haben wird, zumal im verborgenen Unrecht der Menschen. Christus meint als Erstes: Man kann unter den Menschen nicht trennen zwischen gerecht und ungerecht, zwischen schuldig und unschuldig, und schon gar nicht kann man sich berufen auf die Trennlinie zwischen den Glücklichen und den Unglücklichen, den Heimgesuchten und den Davongekommenen. So simpel ist es nicht, dass der Wohlbehäbige auch schon als besserer Mensch gelten kann. Diese verborgene calvinistische Gleichung geht im Leben nicht auf. Das ist es, woran Christus vornehmlich liegt. Aber was für ein Bild von Gott wird dann gemalt?

Wir sind gewohnt, Gott zu suchen und zu finden im Gang der Natur. Wir stehen bewundernd vor den Werken der Schöpfermacht Gottes. Sie ermöglicht uns Menschen, und sie gibt uns eine kurze Zeit lang Raum zum Leben. Jedes winzigste Detail in ihr ist geordnet, die Weisheit, die sie in jedem Atom birgt, ist für unser Denken unerreichbar groß. Aber auf uns Menschen nimmt dieselbe Natur keine besondere Rücksicht. Ein winziges Blutgerinnsel genügt, eine kleine Embolie, und das Feuer des Geistes im Gehirn eines Genies wird auf immer erlöschen, es genügt eine kleine Verstopfung einer Herzarterie, und ein Herz, das erfüllt ist von Liebe, wird kalt und tot. In Sekundenschnelle entscheiden die Gesetze der Natur über Leben und Untergang, in ihrem Kreislauf sind wir selber die Kinder des Zufalls, Geburten undurchdringlicher Nacht.

Wir bewundern die Gesetze der Natur, die uns ermöglichen. Aber das Christentum, ja schon das Judentum war darin schlecht beraten, uns glauben zu machen, wir könnten von den Gesetzen der Natur her eine besondere Rücksichtnahme auf menschliche Fragen erwarten, in ihnen womöglich eine moralische Ordnung entdecken nach Maßgabe von Recht und Unrecht. Weil im Namen der Religion immer wieder so gelehrt wurde, hat in den letzten zwei Jahrhunderten aus der Verzweiflung an der Naturordnung, die nicht moralisch ist, der Atheismus seine Nährkraft gewonnen. Der große Georg Büchner schildert den Dichter Lenz, der im Steintal Zuflucht sucht bei dem protestantischen Pfarrer Oberlin, einem Freund Goethes, einem Genie der Menschlichkeit. Wenn in der Goethezeit irgendein Mensch beschworen wurde, in dem Humanität und Frömmigkeit miteinander verschmolzen, eine Person, für die es selbstverständlich war, ganz nebenbei Kindergärten zu erfinden, Hospitäler einzurichten, Lieder der Liebe auf Gott zu dichten, so war es Pfarrer Oberlin. Der Dichter Lenz sucht bei ihm Zuflucht, heimgesucht von der Angst seines Herzens, am Rande des Wahnsinns, und er hofft, in den Tröstungen dieses beinahe Heiligen Ruhe zu finden. Er findet sie nicht, das ist das Grauen, das Büchner beschwört. Im Steintal stirbt ein kleines Kind, Lenz steht bei ihm und betet über das Sterbende die nämlichen Worte, die Christus über die Tochter des Jairus sprach. Ohnmächtig und verzweifelt kommt er zu Oberlin zurück. Wenn ich so wäre, stammelt er, so mächtig, wenn ich so wäre, ich würde retten, retten. Aber Gott tut's nicht, darf's nicht, kann's gar nicht, das ist die Wahrheit. Wollte er's tun, auch nur in einem einzigen Detail, mit Rücksicht, sei es, auf den kostbarsten Menschen, die ganze Kuppel des Firmaments stürzte im gleichen Augenblick ein. Ihre Ordnung erhält sich über Millionen von Jahren, über Millionen von Lebewesen, und sie kann auf kein einzelnes Rücksicht nehmen. Dies ist die Natur, majestätisch groß und für unser menschliches Verständnis grausam und oft unbegreifbar.

Deswegen lebt in der Gestalt Christi eine andere, parallele, fast widersprechende und dennoch genauso wahre, genauso absolute, genauso richtige Weise, Gott zu sehen und zu erkennen. Wir als Menschen finden einen menschlichen Weg zu Gott nur an der Seite eines anderen Menschen. Das ist die Wahrheit des Christentums, wenn man so will, seine einzige, schönste. Wenn wir jenseits des majestätischen Gottes der Schöpfung ein menschliches Bild von Gott in unserem Herzen tragen, so liegt es daran, dass wir Menschen begegnen, die im Vertrauen auf Gott leben. Wann irgend uns ein Mensch, den wir lieben, so prägt, dass sich unser Wesen unter ihm wandelt, hin zu sich selber, sind wir dem Gott unseres Herzens ganz nahe. Wir sind im Kosmos ein winziger Schimmelüberzug auf einem stecknadelkopfgroßen Planeten am Rande unserer Milchstraße. Einzig die Liebe vermag einen anderen Menschen in seiner Winzigkeit als unendlich groß, unendlich wichtig, für alle Ewigkeit bedeutend zu entdecken. Nur in der Liebe haben wir Menschen einen Wert, der unvergänglich ist, und nur die Liebe wird an die Unsterblichkeit glauben. Dass wir zu ihr berufen sind, dies lernen wir nur in der Gegenwart eines anderen Menschen, der uns sehr lieb hat und den wir sehr lieben. Nur zu zweit gelangt man in den Himmel. Und eben dies wollte Christus uns lehren mit seiner Güte und mit seinem Verständnis. Die Natur mag grausam sein, wir aber vermögen einander an die Hand zu nehmen und um so mehr nicht aufzuhören, uns zu lieben. Es mag sein, wir können uns nicht schützen und nicht gegenseitig retten vor den Gefährdungen der äußeren Existenz, aber innerlich können wir zusammenstehen, und es wird nie aufhören in Zeit und Ewigkeit. Deshalb schon sollte das Unglück, das Menschen zustößt, kein Argument der Trennung sein und keiner Unterscheidung zwischen Recht und Unrecht Vorschub leisten. Es gibt nur ein einziges Reich der Menschlichkeit und der Güte. Dass man über niemanden richten darf, dies gehört zum Kostbarsten, was der Herr uns lehren wollte.

Einzig den Mangel der Güte im eigenen Herzen mag man beklagen. Da trifft zu, was dieses Evangelium sagt: Die Zeit, in der wir die Güte miteinander und aneinander lernen können, ist nicht unbegrenzt.

Abraham
Gott geht mit uns

Abrahams Erwählung oder: Ein Segen sollst du sein

Der Herr sprach zu Abram: Zieh weg aus deinem Land, von deiner Verwandtschaft und aus deinem Vaterhaus in das Land, das ich dir zeigen werde. Ich werde dich zu einem großen Volk machen, dich segnen und deinen Namen groß machen. Ein Segen sollst du sein. Ich will segnen, die dich segnen, wer dich verwünscht, den will ich verfluchen. Durch dich sollen alle Geschlechter der Erde Segen erlangen.

Da zog Abram weg, wie der Herr ihm gesagt hatte, und mit ihm ging auch Lot. Abram war fünfundsiebzig Jahre alt, als er aus Haran fortzog. Gen 12,1–4

Mit der Erwählung Abrahams beginnt die Geschichte Israels, beginnt die Geschichte des Heils. Vor einem dunklen Vorhang erscheint zum ersten Mal ein Schimmer von Hoffnung. Man sagt, Abraham sei von Gott berufen worden, wegzuziehen aus Ur in Chaldäa, um dem fremden Götzendienst zu entrinnen. Aber nicht davon spricht dieser Text. Man sagt, Abraham sei erwählt worden, ein großes Volk zu gründen. Das ist wahr, wenn man es nicht national-ideologisch falsch ausdeutet.

Eigentümlich, dass Abraham, als Gott ihn beruft, gar nichts weiß von seiner Zukunft bis auf eines: groß wird er sein und ein Segen für alle. Diesen Kontrast kann man nur verstehen, wenn man dagegensetzt, was es ohne diese Erwählung heißen würde, Mensch zu sein.

Es ist inmitten der Menschengeschichte das erste Mal, dass Gott sich wieder an uns wendet und jenseits des Fluches uns zurückrufen möchte in ein verlorenes Paradies, in einen Zustand, in dem wir selber uns als vor Gott berechtigt, angenommen und aufgenommen fühlen können. Die ganze Zeit zwischen Sündenfall und Berufung, unser ganzes normales menschliches Leben spielt sich ab im Kerker des Gefühls, ausgestoßen, verjagt zu sein, ja das eigene Leben verwünschen zu wollen. So sehr sind wir von den Empfindungen des Ekels an uns selber, des Hasses auf uns selber imprägniert, als ob wir uns kaum irgend etwas Gutes auf dieser Erde zutrauen könnten. Und es steht für uns förmlich fest, dass, wenn schon wir so über uns denken, auch jeder andere an unserer Seite Grund hat, so zu denken.

Wie finden wir Menschen zurück zu der Grundlage zu Vertrauen, die uns leben ließe? Unser Leben verrinnt in einem endlosen Konkurrenzkampf, einem ständigen wechselseitigen Sich-an-die-Wand-Stellen. So ist es kein Leben. Vom Brudermord Kains bis hin zum Turmbau ist ein jeder bestrebt, die Gunst Gottes zurückzugewinnen, immer nach der Devise: wenn du dich anstrengst, wenn du produktiv bist, wenn du gut bist, wenn du Erfolg hast und wenn du all das wieder opferst für irgendeinen grausamen Gott, vielleicht wird man dich dann mögen. Für deine Qual wird man dich mögen, für deine Bußleistung wird man dich mögen, für deine Selbstschinderei wird man dich mögen, vielleicht, wenn du dich aufreibst bis zum Es-geht-nicht-Weiter, wird sich ein Gott erbarmen, aber neben dir steht schon dein Bruder, deine Schwester, und vielleicht steht sie besser da, und also ist sie eine tödliche Gefahr für dich.

Was bleibt uns dann, außer zu tun, was der Bibel nach alle Völker, alle Menschen auf ihre Weise versuchen: den Himmel zu stürmen, immer größer zu werden und die Erde unter den eigenen Füßen aufzuschichten, bis man dahin gelangt, selber ein Gott zu sein, Macht auszuüben, Einfluss sich zu sichern. Wenn dies heißt, in einer Welt von falschen Göttern, von menschenfeindlichen Götzen, in einem Terrain der Unmenschlichkeit zu leben, dann ist es richtig, dass Abraham fortziehen muss aus allem, was er bis dahin kannte, weil das Land, in dem er lebte, eine Stätte der Verwüstung seiner Seele war. Weg aus dem, was er seine Heimat nannte – denn sie war sein Gefängnis, sein Un-Zuhause – und weg aus seinem Vaterhause. Wenn Vaterhaus bedeutet, ständig sich zu ducken unter der Menschenfurcht, immer zu leben unter dem Portrait anderer Menschen, die dastehen, als ob sie mit einem umspringen könnten wie mit ewigen Kindern: dies muss man tun, das muss man lassen, hier habe ich zu sagen, hier bin ich der Herr, der Vater, der Scheingott, der Popanz – dann zieh du aus aus deinem Vaterhause, aus deiner Heimat, aus deinem Lande und zerbrich die Menschengötzerei, die Zwinggesetze der Menschenangst, beende den Spuk. Dies ist das Erste.

Es ist in der langen Geschichte der Vorzeit das erste Mal, dass Gott wieder zu einem Menschen redet. Bis dahin redete nur Gott mit sich selber und die Menschen mit sich selber, und jeder Dialog erstarb in der Feindschaft aller gegen alle. Hier vernimmt zum ersten Mal wieder ein Mensch, was Gott uns allen zu sagen hätte. Eine erste Ahnung von unserer wirklichen Größe erwacht. Eine erste Verheißung unserer wirklichen Berufung ergeht. Nichts hat Abraham in Händen, nichts kann er vorweisen. Ihm selber aber gilt sie, seiner Person.

Es gibt an diesem Wendepunkt der menschlichen Geschichte nur eines, was Gott wirklich sagen möchte, dies aber mit allem Nachdruck, mit aller Stärke, die in einem Gotteswort liegt. Wenn wir in uns eine Stimme hören, von der wir sicher sein können, sie ist von Gott, ergibt sich wie mit Notwendigkeit, fast alternativlos, ein inneres Muss, abgezielt auf die Erweiterung unseres Daseins, angelegt auf die Bewahrung unserer Würde. Und dieses Wort an Abraham lautet: Du sollst ein Segen sein, oder, wie es im Hebräischen noch einfacher heißt: Du wirst ein Segen sein, oder gar – weil in dieser merkwürdigen Sprache Gottes Zukunft und Gegenwart gar nicht zu unterscheiden sind –: Du, Abraham, bist ein Segen.

Sähe man nicht tagaus, tagein immer wieder und allerorten, dass Menschen, sooft sie Gott im Munde führen mögen, viel stärker das Gefühl haben, sie belasteten die anderen nur, sie seien verwünscht in den Augen der anderen, ihre Nähe eine Zumutung, am besten wäre schon, sie wären gar nicht existent, dann würde man nicht verstehen, warum in diesem Wort eine ganze Welt sich ändert. So sind wir gemeint, und so dürfen wir von uns denken, ja, wir haben vor Gott die heilige Pflicht, unser Leben so zu begreifen: als einen Segen. Wir sollten die Möglichkeit wiedergewinnen, über unser Dasein froh zu werden und uns zu segnen dafür, dass es uns gibt. Einziehen sollte in unser Herz ein Gefühl der Dankbarkeit für unsere Existenz, und fühlen dürften wir, dass wir mit unserem Dasein andere bereichern, zu ihrem Glück beitragen, so dass Reichtum, Freude und Schönheit in das Leben eines anderen dringen.

Es gibt fortan nur noch eines, was Gott nicht will und wogegen er noch ein letztes Mal aufsteht, wie um zu drohen: Sollte es künftig jemand wagen, sich vor den anderen hinzustellen mit den Worten: »Ich verfluche dich«, so lädt er die Strafe der Verweigerung auf sich selber. Setzt er die Menschenangst, den Menschenhass und die Verzweiflung fort, so ändert sich nichts, und das Paradies liegt unendlich weit entfernt.

Was hier in Abraham beginnt, aber soll die Grundlage aller Geschichte sein. So klein auch immer es hier anhebt, es soll die Welt verändern, denn Gott wird mit uns durch die Geschichte gehen.

Abrahams Opfer oder: Gott ist ein Geheimnis in unserem Leben

Gott stellte Abraham auf die Probe. Er sprach zu ihm: Abraham! Er antwortete: Hier bin ich. Gott sprach: Nimm deinen Sohn, deinen einzigen, den du liebst, Isaak, geh in das Land Morija, und bring ihn dort auf einem der Berge, den ich dir nenne, als Brandopfer dar.

Frühmorgens stand Abraham auf, sattelte seinen Esel, holte seine beiden Jungknechte und seinen Sohn Isaak, spaltete Holz zum Opfer und machte sich auf den Weg zu dem Ort, den ihm Gott genannt hatte. Als Abraham am dritten Tag aufblickte, sah er den Ort von Weitem. Da sagte Abraham zu seinen Jungknechten: Bleibt mit dem Esel hier! Ich will mit dem Knaben hingehen und anbeten; dann kommen wir zu euch zurück.

Abraham nahm das Holz für das Brandopfer und lud es seinem Sohn Isaak auf. Er selbst nahm das Feuer und das Messer in die Hand. So gingen beide miteinander. Nach einer Weile sagte Isaak zu seinem Vater Abraham: Vater! Er antwortete: Ja, mein Sohn! Dann sagte Isaak: Hier ist Feuer und Holz. Wo aber ist das Lamm für das Brandopfer? Abraham entgegnete: Gott wird sich das Opferlamm aussuchen, mein Sohn. Und beide gingen miteinander weiter.

Als sie an den Ort kamen, den ihm Gott genannt hatte, baute Abraham den Altar, schichtete das Holz auf, fesselte seinen Sohn Isaak und legte ihn auf den Altar, oben auf das Holz. Schon streckte Abraham seine Hand aus und nahm das Messer, um seinen Sohn zu schlachten. Da rief ihm der Engel des Herrn vom Himmel her zu: Abraham, Abraham! Er antwortete: Hier bin ich. Jener sprach: Streck deine Hand nicht gegen den Knaben aus, und tu ihm nichts zu Leide! Denn jetzt weiß ich, dass du Gott fürchtest; du hast mir deinen einzigen Sohn nicht vorenthalten.

Als Abraham aufschaute, sah er: Ein Widder hatte sich hinter ihm mit seinen Hörnern im Gestrüpp verfangen. Abraham ging hin, nahm den Widder und brachte ihn statt seines Sohnes als Brandopfer dar. Abraham nannte jenen Ort Jahwe-Jire (Der Herr sieht), wie man noch heute sagt: Auf dem Berg lässt sich der Herr sehen.

Der Engel des Herrn rief Abraham zum zweiten Mal vom Himmel her zu und sprach: Ich habe bei mir geschworen – Spruch des Herrn: Weil du das getan hast und deinen einzigen Sohn mir nicht vorenthalten hast, will ich dir Segen schenken in Fülle und deine Nachkommen zahlreich machen wie die Sterne am Himmel und den Sand am Meeresstrand. Deine Nachkommen sollen das Tor ihrer Feinde einnehmen. Segnen sollen sich mit deinen Nachkommen alle Völker der Erde, weil du auf meine Stimme gehört hast.

Darauf kehrte Abraham zu seinen Jungknechten zurück. Sie machten sich auf und gingen miteinander nach Beerscheba. Abraham blieb in Beerscheba wohnen. Gen 22,1–19

Wenn man die Geschichte von Abrahams Opfer zum ersten Mal oder mit unbefangenem Gemüt in sich aufnimmt, muss sich in einem das Gefühl des Grauens und des Entsetzens regen. Wie denn: Gott sollte zu einem Mann in Israel gesagt haben: »Nimm deinen Sohn, deinen einzigen, den du liebhast, und bring ihn mir zum Opfer?« Und es sollte der Stammvater Israels dieses Wort seines Gottes so verstanden haben, dass er Feuerbrand und Messer nahm, um seinen Sohn zu schlachten und zu opfern, seinem Gott zum Wohlgeruch?

Lässt man diese Geschichte so stehen, wie sie erzählt wird, mutet sie barbarisch, roh und grausam an, und keine noch so kluge Erzählung und Erklärung darüber hinaus wird mit diesem Eindruck versöhnen können. In gewissem Sinne zählt diese Geschichte zu den gefährlichsten der ganzen Bibel, denn das Gottesbild sehr vieler Frommer in Israel wie im Neuen Bund wird durch das äußere Verständnis dieser Geschichte ganz und gar geprägt und wiedergegeben. Im Rahmen einer bestimmten Art der Frömmigkeit und des Glaubens ist diese Erzählung wie gemacht, um jede

Art von religiösem Sadismus zu rechtfertigen und zu begründen. »Was immer dir dein Gott befiehlt, das musst du tun«, lautet eine der Regeln einer solchen Art von Frömmigkeit. Ein heiliges Gesetz ist zu befolgen ohne jede Rücksicht auf die Opfer. Menschen, die so erzogen werden, müssen ihre menschlichen Gefühle in sich selbst verleugnen, wenn ein Gott es von ihnen verlangt. Frommgläubige dieser Prägung von Religiosität müssen sich ihr eigenes Denken aus dem Hirn schlagen, wenn ein göttlicher Befehl ihnen entgegentritt und das Absurdum zu verlangen scheint. Und hat man Menschen erst einmal in diese Art Gehorsam hineingetrieben, sind sie die willfährigen Handlanger von jeder Art Unmenschlichkeit und Barbarei.

Es war gewiss kein Zynismus, als in den Vereinigten Staaten vor Jahrzehnten Psychologen ein Experiment starteten, dem sie den Namen »Versuch Abraham« gaben. Es ging darum, herauszufinden, was Menschen zu tun bereit sind, wenn man ihnen aufgibt, einander – mit vernünftigen Gründen, aus wissenschaftlicher Notwendigkeit – zu quälen. Für die Nichtbeantwortung bestimmter Fragen war eine Strafe in Form von Stromstößen zu verabreichen, die sich immer weiter steigerten, bis in die Gefahrenzone. Die Testpersonen wussten, dass Stromstöße in diesem Bereich tödlich wirken können. Es wurde ihnen das Schreien ihrer Opfer vorgespielt. Tatsächlich war der Versuch so gehalten, dass niemand gequält wurde, aber die Testpersonen mussten glauben, sie quälten durch ihre auf Befehl ausgeteilten Strafen Menschen bis zum Tödlichen. Und man hatte lauter normale, gute Bürger zu dem Test versammelt.

Das Ergebnis war, weil es so erschreckend wirkte, alsbald in aller Munde und weltweit verbreitet. Kaum jemand aus dem sogenannten guten Bürgertum würde einen Befehl verweigern, der ihm als wichtig dargestellt wird, selbst auf die Gefahr hin, dass er damit jemanden umbringt. So gehorsam und so willig sind wir für gewöhnlich schon, wenn's uns die Wissenschaft anzubefehlen scheint.

Und wie da erst, wenn's um das eigene Seelenheil geht, um den Befehl Gottes womöglich? Menschen haben keine Scheußlichkeit gescheut, keinen Wahn, keinen Krieg, kein Massaker, wenn's befohlen wurde, so dass man aufstehen möchte im Namen einer menschlicheren Religion und sagen: »Hör niemals mehr auf diese Geschichte von Abraham, sondern prüfe den Befehl, den du hörst, gleich, ob ihn ein Politiker, ein Priester, ein Papst, ein mächtiger Diktator gibt, wer auch immer ihn gibt – prüfe den Befehl, den du hörst, ob er menschlich ist oder nicht, und erscheint er dir unmenschlich, so verweigere dich. Lerne, dass Ungehorsam heiliger sein kann als Gehorsam!« Gegen die Geschichte von Abraham möchte man wünschen, dass Gottesdienst so beschaffen wäre.

Gewiss, die Exegeten dieser Stelle lehren uns, es sei sogar ganz richtig ausgelegt, so zu sprechen, denn der Gott, der Abraham eben noch befahl, seinen Sohn zu schlachten auf dem Berge Morija, sei ihm ja selber in den Arm gefallen, sprechend: »Nicht sollst du deinen Sohn opfern, Abraham.« Und dies sei der wirkliche Sinn der ganzen Geschichte, dass der Gott Israels solche Opfer nicht mehr verlange. Anders als die heidnischen Religionen, sei die Religion der Bibel menschlicher. Nur, die Geschichte erzählt es anders. Sie erzählt, dass Gott den Abraham erst gesegnet habe, als er das, was ihm am liebsten war, zu opfern bereit war. »Weil ich gesehen habe, dass du bereit warst zum Äußersten«, spricht Gott, »will ich dich segnen.« Und was für ein infames Spiel, dass die Menschlichkeit nur wieder eingeführt wird durch einen gegenläufigen Befehl und man also, je nachdem wie's geboten wird, bald ein Sadist und bald ein Mensch sein kann. Soll das die Lehre dieser Stelle sein?

Man muss sich solche Fragen stellen, denke ich, weil selbst die Folgewirkung dieser Geschichte, der Hinweis auf das Kreuzesopfer Christi, durch zweitausend Jahre niemals gänzlich davon frei war, Gott den Menschen nach der Art eines Quälgeistes vorzustellen. Wie wenn Gott uns ständig gebieten würde, zu opfern und zu leiden, und wir das, was wir gerade an Gefühlsregung der Liebe, der Zuneigung, der Zärtlichkeit, des Gefühls einer tiefen Verbundenheit gewonnen haben, grausam zerstören müssten. Als wenn es all das, was wir menschlich mögen können, im Namen eines solchen Gottes nicht geben dürfte und wir überhaupt erst fähig wären, den Segen dieses Gottes zu erwarten und zu erhoffen, wenn wir alles in uns, das menschlich ist, preisgegeben, zerstört und zerstückelt haben.

Von dieser Art des sadistischen Gottesbildes lebt mit Berufung auf solche Stellen in der Bibel so viel in der Religion, dass man gar nicht laut genug und oft genug sagen kann: Ein Gott, der etwas Inhumanes gebietet, gibt sich damit selbst als Schöpfer seiner Menschen preis, er ist kein Gott, sondern ein Götze, er hat nichts zu sagen, sondern ist ein reiner Popanz menschlicher Angst, er ist nicht der Gott, der die Welt schafft und den Menschen mitten darin, sondern ein Wahngebilde menschlicher Beschwörungskünste, ein Alptraum der Nacht, eine Repräsentation des Scheußlichsten, was wir auf Erden kennengelernt haben, eine Fratze der Unmenschlichkeit, und verwünschen möchte man sie, kämpfen muss man gegen sie, bis sie endlich aufhört zu quälen.

Und trotzdem, wie in allen wirklich tiefen Geschichten der Bibel ist die Erzählung von Abraham in einem tieferen Sinne wahr. Noch einmal: Nimmt man die Erzählung von Abraham als eine Rechtfertigung äußerer Machtbefehle, hat sie uns nicht nur nichts zu sagen, sie verdient, dass man gegen sie Stellung nimmt und sie ausmerzt aus dem wirklich religiösen Sprechen von Gott. Nimmt man sie aber innerlich, als eine Entwicklungsgeschichte des menschlichen Herzens, liest man sie als Symbol und bildlich, dann atmet in ihr eine große Weisheit.

Man muss, um sie zu verstehen, damit beginnen, dass die Frage, warum wir überhaupt leben, sowohl im Alten Testament wie in der ganzen Natur ringsum wie auch normalerweise in der sogenannten bürgerlichen Ordnung stets durch die Nachkommenschaft beantwortet wird. Jede Schwalbe, die im Frühling die Flügel ausbreitet und das Fliegen lernt, wird schon übers Jahr die Frage, warum sie auf die Welt kam, damit beantworten, dass sie selber ein Nest baut, Eier darin brütet und Junge großzieht. Dafür lebt jedes Tier und jedes Geschöpf. Und auch wir Menschen wissen unmittelbar aus dem Erbe der Natur keine andere Antwort als: Wir leben weiter in unseren Kindern. So dachte das ganze Alte Testament: Was ein Mensch ist, erweist sich dadurch, dass er in die Kette der Nachkommen eintritt bis hin zu dem späten Segen menschlicher Geschichte in der Gestalt des kommenden Messias. Nur als Vater und Mutter von Kindern gehört er zum Weg des Heils und hat er teil an dem göttlichen Segen. Hat man diesen Hintergrund, dann liest man die Geschichte Abrahams anders: Sie ist die Erzählung eines Mannes, der auf diesen Traum kommender Generationen jahrzehntelang warten muss. Er hat einen Gott vor Augen, der ihm befiehlt, die unmittelbaren Sinngebungen seines Lebens immer mehr abzustreifen. Er lebt gar nicht in dem, worin die anderen ihren Sinn finden können. Unfruchtbar ist seine Frau und kinderlos er selber. Da schließlich, als er es selbst nicht mehr erwartet, empfängt Sara den Sohn Isaak. Und kaum ist er groß, kaum ruht auf ihm das Versprechen Gottes, beginnt die Drohung des Opfers, dass Gott es zurückfordert, woran er sich grade klammert, und erst, als er bereit ist, dies wieder von sich zu geben, wird er wirklich Träger des Segens für alle Zeit.

Diese Entwicklung kann man verstehen, wenn man sie nach innen zieht: Was wir Menschen selber sind, was in uns groß sein möchte und leben will, diese Frage wird sich niemals beantworten, indem wir auf etwas hinweisen, das wir selbst hervorgebracht haben, sei es biologisch oder durch die Tat unserer Hände. Das, was uns ausmacht im Leben, wird niemals das Produkt unserer Hervorbringungen sein. Vielmehr: solange wir glauben, wir seien erst durch das, was wir geschaffen und in die Welt gesetzt haben, wirkliche Menschen, Segen ruhe auf uns erst durch unsere eigene Tat, durch die eigene Produktivität, leben wir nicht mehr, sondern weniger, und so hat es seinen guten Sinn, wenn Gott erwartet, dass wir dieses Denken abstreifen. Wir leben nicht erst durch das Produkt unseres Lebens. Wir existieren in uns selber. Wir sind nicht erst gerechtfertigt durch Fruchtbarkeit und Hervorbringungen, es gilt uns selber.

Schon im Umgang mit den Generationen zeigt sich das so. Eine Mutter oder ein Vater, die sich an ihr Kind klammern, das heranwächst, weil sie darin eigene Stütze, eigenen Lebenssinn sehen und erhoffen, werden nur erreichen, dass ein solches Kind sich rasch und schnell von ihnen entfremdet, sich erstickt fühlt und eines Tages aus dem Getto der Fürsorge ausbrechen möchte. Erst wenn Mutter und Vater lernen, für sich selbst dazusein und andere freizugeben, wird am Ende das gewissermaßen Geopferte ihnen tiefer gehören, in Freiheit zurückkommen. Aber in diesem Schritt des Verzichts werden sie gelernt haben, selbst zu existieren, unmittelbar mit dem eigenen Dasein vor Gott hinzutreten und Segen zu empfangen dafür, dass sie selber sind.

Insofern ist das Opfer Abrahams ein unerlässliches Gesetz der Reifung, ein notwendiger Verzicht auf dem Wege zu sich selber, der wichtigste Punkt, an dem wir mit dem eigenen Dasein Gott gegenübertreten, dass er uns zum Segen wird. Derart werden wir nur behalten können, was wir von uns geben; nur was wir freilassen, wird bei uns bleiben, und nur was wir opfern, uns geschenkt werden. Innerlich gelesen, ist die Geschichte von Abrahams Opfer weise und groß und zutiefst religiös; und der Gott, der dann spricht, kommt nicht mehr von außen, er ist keine Gestalt gegen uns, er ist ein Geheimnis tief mitten in unserem eigenen Dasein.

Moses
Von der Berufung, Gott auf den Lippen zu tragen

»Ein Mensch zerbrochenen Mundes«

Mose weidete die Schafe und Ziegen seines Schwiegervaters Jitro, des Priesters von Midian. Eines Tages trieb er das Vieh über die Steppe hinaus und kam zum Gottesberg Horeb. Dort erschien ihm der Engel des Herrn in einer Flamme, die aus einem Dornbusch emporschlug. Er schaute hin: Da brannte der Dornbusch und verbrannte doch nicht. Mose sagte: Ich will dorthin gehen und mir die außergewöhnliche Erscheinung ansehen. Warum verbrennt denn der Dornbusch nicht?

Als der Herr sah, dass Mose näher kam, um sich das anzusehen, rief Gott ihm aus dem Dornbusch zu: Mose, Mose! Er antwortete: Hier bin ich. Der Herr sagte: Komm nicht näher heran! Leg deine Schuhe ab; denn der Ort, wo du stehst, ist heiliger Boden. Dann fuhr er fort: Ich bin der Gott deines Vaters, der Gott Abrahams, der Gott Isaaks und der Gott Jakobs. Da verhüllte Mose sein Gesicht; denn er fürchtete sich, Gott anzuschauen.

Der Herr sprach: Ich habe das Elend meines Volkes in Ägypten gesehen, und ihre laute Klage über ihre Antreiber habe ich gehört. Ich kenne ihr Leid. Ich bin herabgestiegen, um sie der Hand der Ägypter zu entreißen und aus jenem Land hinaufzuführen in ein schönes, weites Land, in ein Land, in dem Milch und Honig fließen, in das Gebiet der Kanaaniter, Hetiter, Amoriter, Perisiter, Hiwiter und Jebusiter. Jetzt ist die laute Klage der Israeliten zu mir gedrungen, und ich habe auch gesehen, wie die Ägypter sie unterdrücken. Und jetzt geh! …

Da sagte Mose zu Gott: Gut, ich werde also zu den Israeliten kommen und ihnen sagen: Der Gott eurer Väter hat mich zu euch gesandt. Da werden sie mich fragen: Wie heißt er? Was soll ich ihnen darauf sagen? Da antwortete Gott dem Mose: Ich bin der »Ich-bin-da«. Und er fuhr fort: So sollst du zu den Israeliten sagen: Der »Ich-bin-da« hat mich zu euch gesandt.

Mose antwortete: Was aber, wenn sie mir nicht glauben und nicht auf mich hören, sondern sagen: Jahwe ist dir nicht erschienen? Der Herr entgegnete ihm: Was hast du da in der Hand? Er antwortete: Einen Stab. Da sagte der Herr: Wirf ihn auf die Erde! Mose warf ihn auf die Erde. Da wurde der Stab zu einer Schlange, und Mose wich vor ihr zurück. Der Herr aber sprach zu Mose: Streck deine Hand aus und fasse sie am Schwanz! Er streckte seine Hand aus und packte sie. Da wurde sie in seiner Hand wieder zu einem Stab. So sollen sie dir glauben, dass dir Jahwe erschienen ist, der Gott ihrer Väter, der Gott Abrahams, der Gott Isaaks und der Gott Jakobs ...

Doch Mose sagte zum Herrn: Aber bitte, Herr, ich bin keiner, der gut reden kann, weder gestern noch vorgestern, noch seitdem du mit deinem Knecht sprichst. Mein Mund und meine Zunge sind nämlich schwerfällig. Der Herr entgegnete ihm: Wer hat dem Menschen den Mund gegeben, und wer macht taub oder stumm, sehend oder blind? Doch wohl ich, der Herr! Geh also! Ich bin mit deinem Mund und weise dich an, was du reden sollst.

Ex 3,1–10a.13f; 4,1–5.10–12

Alles, was wir von dem Mann Mose wissen, hüllt sich in das Gewand der Sage und Legende, und doch ist seine Person über den Graben von mehr als dreieinhalb Jahrtausenden uns gegenwärtig und nahe, als wären wir seine Zeitgenossen.

Alles beginnt im Leben dieses Mannes mit einem Aufschrei der Empörung, als er, am Hof der Ägypter, soeben erwachsen geworden, mitansehen muss, wie einer der Aufsichtsbeamten einen Israeliten brutal niederschlägt. Der Zorn, der den Mann Mose ergreift, ist so heißblütig und unkontrolliert, dass er selber zum Mörder wird an dem Mörder. Was er fühlt, ist wahr und ergreift ihn wie eine göttliche Macht, eine Leidenschaft des Herzens für die Gerechtigkeit und Freiheit eines jeden Menschen unter dem Himmel. Aber alles im Leben des Mose ist scheinbar schon vertan, eh' es beginnen könnte; aus Angst vor Verfolgung und Strafe muss er fliehen, fort in die Wüste. Er heiratet dort die Tochter eines Priesters der Midianiter, die so schön gewesen sein muss, dass sie den Namen »Zippora – das Vögelchen« trug. Aber das Herz des Mose wollte sich nicht getrösten, wenn er des Volks der Hebräer gedachte.

Wann können wir sagen, dass Gott mit einem Menschen redet? Projizieren sich die menschliche Sehnsucht, das menschliche Leid und die Kraft des menschlichen Herzens, wenn es zum Höchstmaß entflammt, in das, was wir Gott nennen, hinein und wir geben ihm nur den Namen einer absoluten Beauftragung und Größe? Oder sollten wir umgekehrt sagen, wir Menschen wagten keinen Augenblick lang uns selber in der Wahrheit, die in uns steckt, zu vollziehen, fühlten wir uns nicht durch ein Gegenüber einer solchen absoluten Anrede beauftragt und bevollmächtigt? Nach dem Zeugnis der Bibel ist das Leben des Mose nur auf diese zweite Weise zu verstehen. Er, der in seiner Person seine Zeit und sein ganzes Volk bis heute überragt, zeigt sich gradewegs in dieser Geschichte von solchem Kleinmut und solchem Zweifel an sich selber, dass nichts zustande käme ohne den geradezu furchtbaren, kaum zu tragenden Befehl des Allmächtigen: »Und jetzt gehst du!«

Alles beginnt mit einem großen Gesicht, das als Symbol für das Leben des Moses insgesamt stehen darf, der Vision von einem Dornstrauch, der nicht verbrennt. Es gibt in der Bibel selber eine Stelle, die deuten kann, was damit gemeint ist. Als sehr viel später das Volk Israel sich um einen König scharen möchte, um bei ihm Führung und Halt zu suchen, schwingt ein Mann in Sichem mit Namen Abimelech sich auf, König zu werden über das Volk. Da singt vom Berge Garizim herab ein früher Prophet sein Spottlied, dass eines Tages die Bäume und die Sträucher sich einen König machen wollten und alle edlen Pflanzen sich weigerten, von ihrer Süße und Schönheit etwas abzutreten, nur der Dornstrauch schwang sich auf zum Königtum. Diese Fabel sollte bedeuten, dass es im Grunde grade das Wertlose sei, was am meisten nach Macht strebe. Könnte es sich mit Mose nicht ähnlich verhalten: dass er grad in dem Moment, da er sich mit Berufung auf Gott selber zum Führer des Volkes erklären möchte, nichts weiter wird als arrogant und hochmütig und sich selber entlarven wird als nichts denn ein Dornstrauch? Feuer geht aus von dem Dornstrauch und verzehrt die Bäume, singt jener Prophet vom Garizim. Könnte es nicht sein, dass Mose sein Volk bei der Hand nimmt, nur um es am Ende in die Irre zu leiten mit seinem Vertrauen auf die Freiheit und Unabhängigkeit von Menschen? Dieser Verdacht durchzieht alles, was die Bibel später vom Wüstenzug Israels berichten wird. Schritt für Schritt sucht der Zweifel es heim – und Mose an der Spitze. Ist er nicht am Ende womöglich nur einem Dämon gefolgt, einem Wahngebilde des Herzens, und war nicht alles, was er unternahm, zum Scheitern verurteilt? Worauf ist Verlass, wenn man der Sprache des eigenen Herzens folgt?

Die Vision vom brennenden Dornstrauch ist das Geheimnis des ganzen Lebens dieses großen Mannes am Anfang der israelitischen Religion. Wir Menschen mögen nichtig sein, Strauch mitten in der Wüste, brauchbar allenfalls für die Schafe und Ziegen auf den Triften, sonst aber wertlos und unnütz, und wollte Gott davon Besitz ergreifen, müsste es mit unserer Existenz sein, wie wenn Feuer vom Dornstrauch Besitz ergriffe und ihn zu Asche verbrennte. Es ist das Wunder, an das Moses glaubt und das die ganze Religion der Bibel bestimmt, dass Gott von diesem Wertlosen, das wir sind, auf eine Weise Besitz ergreift, dass er darin zur Erscheinung kommt. Er macht uns nicht anders, formt uns nicht neu, will uns nicht besser. So, wie wir sind, sind wir imstande, die Flamme des Göttlichen zu tragen und weiterzugeben. Im ganzen Leben kommt es nur darauf an, zu spüren, welch ein Feuer uns ergreifen könnte und welche Leidenschaft tief genug ist, sich auszusagen und mitzuteilen, dass sie andere an unserer Seite in Aufbruch und Freiheit hinüberreißt über den Graben des Roten Meeres.

Da steht in der Selbsterfahrung des Mose alles dawider, dass es jemals so kommen könnte. Es ist nicht, dass er in diesem Moment am Inhalt dessen zweifelt, was zu sagen wäre: es ist ja die Wahrheit selber, vollkommen stimmig und glaubhaft. Aber alles zerbricht an seiner eigenen Person, so wie er sie kennt, und nicht erst heute, sondern seit gestern und vorgestern, immer schon. Der entscheidende Einspruch lautet, »zerbrochen« geredet, so wie Mose sich fühlt:

»Aber bei mir, Herr« – soll heißen: Alles, was du sagen möchtest, soll gesagt sein und muss gesagt werden; es geht aber nicht, nicht mit mir, weil ich nur Mose bin. Und du selber solltest dich in der Wahl deiner Boten nicht so vertun. Und zum Beweis: Kein Mann der Sprache, ich, sondern schwer der Mund, schwer die Zunge, ich.

Es gibt im Leben von Menschen keine schlimmere Form von Verzweiflung, als zu wissen, wie das Leben aussähe und was nötig wäre, es zu ergreifen, dass dagegen aber als wesentliches Hindernis all das steht, was man von sich kennt. Derselbe Mann, der den Ägypter erschlägt, lebt im Feuereifer der Freiheit, dass es ihn selbst buchstäblich förmlich verzehrt, aber er ist nicht im Stande, Worte zu setzen und langsam zu reden und geduldig zu erklären. Er, wie alle großen Seher, möchte Gott jetzt, unmittelbar, so eindringlich und nahe wie nur möglich. Und es kommt aus ihm heraus wie ein Katarakt von Ungeformtem, Klobigem, und so wird es bleiben. Was tut man, wenn man auf solch furchtbare Weise sich selbst der Wahrheit im Wege fühlt? Es ist ein Experiment, das Gott an dieser Stelle mit seinem Mann Mose unternimmt.

»Was hast du in der Hand?«, fragt er ihn, so wie jeden von uns inmitten der Selbstzweifel.

Und wir könnten getrost sagen: »Einen Stab, etwas Zuverlässiges und Handfestes.«

Aber es gibt nichts Handfestes und Zuverlässiges im Taumelspiel der Angst.

»Wirf es weg!«

Und es ist nicht der Stab, es ist unser ganzes Leben, das wir aus der Hand geben und einfach fallen lassen können. Dann ist kein Auftrag mehr und in gewissem Sinn auch keine Angst mehr nötig, nur dass wir selber plötzlich anfangen, vor uns selber noch viel mehr Angst zu bekommen. Erst ist es die Angst, dass niemand uns glauben wird und wir niemandem das Wirkliche zu erklären vermögen. Aber aus lauter Angst vor den Menschen wird alsbald die Angst vor dem, was in uns selber ist, und aus einem Leben der Angst wird ein Leben endloser Flucht. Es gibt keinen anderen Weg, als noch einmal zu hören, was Gott in dieser Probe aufs Exempel unseres Daseins sagt:

»Fass zu, ergreif sie am Schwanz!«

Und dieser Mut des Zupackens macht aus uns, aus unserer Person und unserem Leben, wieder etwas Tragfähiges und Solides, nicht weil wir's in uns selber wären – es geht nicht um ein Zusammenbeißen der Zähne, um ein Stück heroischen Selbstvertrauens, es geht um das bisschen Zuversicht, das wir im Vertrauen auf Gott in uns selbst zu setzen lernen. Und genauso mit unserem Körper und unserer ganzen Seele. Wir können die Hände in die Hosentaschen stecken aus lauter Angst. Wir tun dann überhaupt nichts mehr, so starr sind wir vor Furcht. Und das Ergebnis wird sein, dass die Menschen anfangen, vor uns zu fliehen, weil wir faulig werden. Menschen unter dem Übergewicht der Angst erträgt kein Mitmensch. Es gibt keinen anderen Weg gegen die Angst, als zu tun, was wir am meisten fürchten: wir selber zu sein und hervorzuholen, was wir haben und in der Hand halten.

Dann ist es der vielleicht erstaunlichste Satz der ganzen Bibel, missverständlich in jedem Falle, aber heilend wie wohldosiertes Gift, wenn wir's richtig aufnehmen, als Gott sagt:

»Wer ist es, der da setzt einen Menschen stumm oder lahm oder blind oder taub?«

Es ist am Ende, dass wir selber unsere Gebrechen und Mängel nicht mehr als Einrede gegen Gott verstehen sollen, sondern als etwas, was wir von Gott zugeschickt erhalten haben. Und so steht gegeneinander: das Ich des Mose mit seiner Erfahrung im Negativen und das Ich Gottes, der alles will, was wir sind und was wir nicht sind – in jedem Fall *genug* für ihn in seinen Händen.

Und so heißt es schließlich aus Gottes Mund: »Geh also!«

Es ist ein Befehl, der Grammatik nach aber eigentlich die Form des Futurs, und man könnte und müsste deshalb womöglich besser übersetzen: Und jetzt darfst du gehen, jetzt kannst du gehen, und deshalb wirst du tun, was du am meisten ersehnst und am leidenschaftlichsten fühlst: Du wirst, indem du mir gehorchst, ganz zu dem werden, der du bist. Es ist ein weiter Bogen von drei biblischen Büchern, der sich hinüberspannt zum letzten Kapitel im Buche Deuteronomium, als Mose auf dem Berg Nebo ganz Israel von Dan bis Beerscheba und die Oase des Palmenhains von Jericho vor sich sieht. Er aber wird das Gelobte Land nicht mehr betreten, seiner Zweifel wegen. – Es stand aber, versichert dieser Text, kein Prophet mehr auf in Israel als Mose, dessen Augen klar waren im Alter und dessen Hände stark, mit all den Zeichen und Wundern vor Gott und dem Volk. Wo sein Grab ist, weiß niemand. Das Judentum aber kennt eine feinsinnige Nuance: In unseren Bibelübersetzungen heißt es: Und Mose starb nach dem Wort des Herrn. Es steht aber wörtlich da: Und Mose starb nach dem Munde des Herrn. Und so dachten und denken manche der Juden, Mose sei gestorben zum Munde des Herrn hin, weil doch er, ein Mensch zerbrochenen Mundes, zum Künder des göttlichen Wortes wurde. Und so hieße denn sterben überhaupt nur, dass Gottes Mund im Augenblick des Todes die Seele hinwegküsst. Kein Prophet in Israel war so bis zum Rand der Verzweiflung Mensch und gerade deshalb fähig, von Gott zu reden. Und ganz Israel wird nie etwas anderes sein, als dass es in Mose Gestalt gewinnt, ständig suchend und zweifelnd und leidend an der Last der Berufung und immer zu schwach, Gott auf den Lippen zu tragen, aber immer auch ein Dornbusch, welcher nicht verbrennt.

Moses und Elija oder: Worauf Jesus seine Worte und Taten gründet

Nach sechs Tagen nimmt Jesus den Petrus, den Jakobus und dessen Bruder Johannes mit und führt sie auf einen hohen Berg – abseits. Da ward er verwandelt vor ihnen: Sein Gesicht erstrahlte wie die Sonne, seine Obergewänder wurden weiß wie das Licht. Und da! Mose und Elija ließen sich vor ihnen sehen, wie sie mit ihm sprachen. Petrus aber hob an und sprach zu Jesus: Herr, gut ist es, dass wir hier sind! Willst du, so mache ich hier drei Zelte: dir eins und Mose eins und Elija eins. Noch redet er – da! Schattend kam eine hell-lichte Wolke über sie her – und da! Eine Stimme aus der Wolke, die sagt:

Das ist mein Sohn, der Geliebte,
an dem ich Gefallen habe.
Hört auf ihn!

Als die Jünger das hörten, warfen sie sich auf ihr Gesicht und fürchteten sich sehr. Und Jesus kam her, hielt sie fest und sprach: Wacht auf und ängstigt euch nicht! Da hoben sie ihre Augen, aber niemand sahen sie – nur ihn, Jesus, allein.

Als sie vom Berg niederstiegen, gab ihnen Jesus Weisung und sagte: Zu niemand dürft ihr von dem Gesehenen sprechen – bis der Menschensohn von den Toten erweckt ist. Mt 17,1–9

Dies ist die einzige Szene aus dem Evangelium, die davon erzählt, wie Jesus glücklich war, so sehr, dass seine ganze Gestalt von Licht durchflutet schien und er selber dem Himmel und den Wolken nah, weit entrückt den Niederungen des Lebens. Offensichtlich gehört die Erfahrung der Weite unserer menschlichen Berufung und der Größe unseres Herzens zur Voraussetzung für den Schritt ins Leiden. Es ist möglich, dass wir dem Leiden ausgesetzt sind, ohnmächtig, dumpf, ohne zu verstehen, ein hilfloses Stück Kreatur. Um Leid bewusst auf sich zu nehmen, muss man es von innen her akzeptieren und in gewissem Sinne sogar wollen. Es gibt Formen des Leids, die nötig sind, um ein Stück Menschlichkeit glaubwürdig zu leben. Grade so muss es sich im Leben Jesu verhalten haben. Er hätte nur seinen Standort durch Flucht verändern müssen oder seinen Standpunkt geistig zu verändern brauchen, und nichts wäre geschehen. Er wäre zurückgetreten in die Front all derer, die unbemerkt bleiben und über die der Wind der Zeit hinweggeht. Grade die Erfahrung auf dem Berg der Verklärung muss es gewesen sein, die er niemals verleugnen und vergessen mochte. Worin also bestand sie, wenn sie ihm die Kraft verlieh, geraden Wegs bis Golgota zu gehen? Das Evangelium erzählt, er habe auf dem Berge Mose und Elija mit ihm reden hören. Mehr nicht? möchte man fragen. In der Tat, das ist alles, worum es im Leben Jesu geht, bis dahin, dass schließlich Gott sich zu ihm bekennt als zu demjenigen, auf den alle hören sollten bis ans Ende der Tage.

Auf einen solchen Berg, auf dem man Mose und Elija reden hört, gelangt man nicht durch eine Bewegung im Raum. Man kann einen solchen Ort nicht auf der Landkarte suchen. Derartige Berge des Herzens setzen eine gewisse Höhe des Geistes, einen gewissen Aufschwung des Gemütes, ein Abstreifen der Fesseln des Lastgewichts der Tiefe voraus. Dann aber kann es sein, dass man unverfälscht und wahr die gesamte Botschaft des Alten Testamentes, konzentriert in diesen beiden Brennpunkten Mose und Elija, so hört, dass sie das Leben endgültig verändert.

Mit dem Mann Mose fing all das an, was wir, als gefügte Form von Religiosität, das Alte Testament nennen. Mose trug in sich eine Vision, die ihn in der ersten Szene, da wir ihm als Erwachsenem begegnen, wie ein Anfall der Empörung und des Jähzorns überkommt. Er sieht mit an, wie einer seiner Stammesbrüder von einem ägyptischen Fronaufseher geschlagen wird. Über diesen Ägypter fällt Mose her und schlägt ihn tot. Er muss fliehen vor der gerechten Strafe der Verfolgung. Er hat alles falsch gemacht, noch ehe es überhaupt beginnen konnte. Er ist weitab von seinem Volk, weitab von allen Menschen. Aber der Inhalt seiner Leidenschaft bleibt wahr, und das, worum er kämpfen wollte, ist vor Gott und Menschen richtig: Menschen sind nicht die Kreaturen von Menschen. Sie sind nicht dazu berufen, anderer Leute Sklaven zu sein. Sie sind nicht dazu in die Welt geboren, dass sie ihr Daseinsrecht verdienen müssen durch Sklaventätigkeit, Unterwürfigkeit und Speichelleckerei, um dann noch zu winseln, dass man sie dulde wie in fremdem Lande.

Die Vision und die Leidenschaft des Mannes Mose gehörten der Idee der Freiheit; nur in diesem Zusammenhang wollte er, dass von Gott die Rede sei. Nur so galt ihm das Sprechen von Gott als wahr, weil nur auf diese Weise Wahrheit ins menschliche Leben kommen könnte. Und so verführte er ein ganzes Volk, den Ägyptern ungehorsam zu werden, um Gott gehorsam zu sein, und fluchtartig das Land der Knechtschaft und der Entwürdigung zu verlassen.

Wie viel lassen wir uns die Freiheit kosten? Sie bedingt, dass wir auf Schritt und Tritt nicht wissen, wohin der Weg uns führt. Sie fordert, dass wir den Mut haben, Wege zu begehen, die vor unseren Augen keine Wege zu sein scheinen, eher Abgründe, Schluchten, Wüsteneien. Auf Schritt und Tritt werden wir Menschen begegnen, die sich in den

Weg stellen und uns den Weg verlegen. Flüchten wir vor ihnen aus Angst, so werden wir kreuz und quer irren, statt geradeaus voranzukommen.

Auch für Mose gilt, was die Bibel mit dem ersten Wort Gottes an das Volk der Auserwählten schon von Abraham sagt: Zieh fort aus deinem Vaterhaus! – Alles, was man gelernt hat, alles, worin man sich heimisch glaubte, sogar die Menschen, mit denen man sich verbunden fühlte – all das kann zur Gefahr werden, wenn es darum geht, Gott zu finden und frei zu sein und ein Segen für die Menschheit zu werden.

Dass das Volk Mose gedankt hätte, kann man kaum sagen. Es gab Augenblicke, in denen Israel seinen Führer verwünscht hat, der Zumutungen und der Härte dieses Weges in die Freiheit wegen. War es nicht in Ägypten sehr viel einfacher, sicherer, geordneter? Man wusste, wovon man leben konnte – es gab dort Lattich, Radieschen und Gurken, wie man gegen Mose vorbringt –, und ist es leid, das Manna aufzusammeln, das zwischen den Zähnen klebt und immer gleich schmeckt. Man beschuldigt Mose schließlich, dass er statt an einen Gott an einen Dämon glaubt, der sein Volk in die Wüste hetzt, nur um es zu schikanieren und zugrunde gehen zu lassen. An wen glaubt der Mann Moses, wenn der Weg so beschwerlich ist?

Wir aber begreifen, wieviel es in unserem Leben kosten mag, Mose reden zu hören, auf einem Berg, der Übersicht schafft und das Leben der Niederungen weit drunten lässt. Denn die Entschuldigungen und die Ausreden sind immer dieselben. Sie heißen heute nicht Ägypten, aber sie heißen ein geordnetes, bürgerliches, übersichtliches, versichertes, bestätigtes Leben. Ist das nicht das kleine Opfer der Freiheit wert? Man richtet seine Meinung, so wie es gewünscht wird, fahnengleich nach dem Wind, heult mit den Wölfen, ist ein wenig lebensklug, bewahrt sich seine Selbstachtung, indem man nie *ganz* mitmacht, immer einen gewissen Abstand auch der Selbstständigkeit – innerlich wohlgemerkt –

behält: wenn es vorbei ist, war man nie ganz dabei, vielleicht immer schon dagegen, aber hat es überlebt, und dies zeigt doch, dass man klug war. Hat man sich am Ende nicht nur etwas vorgelogen und die Zeit vertan, in der man hätte leben sollen? Auf Mose zu hören bedeutet für Jesus, geradewegs vom Tabor nach Golgota zu gehen.

Den Propheten Elija zu hören ist unter Umständen noch aufregender, denn sein Kampf ist innerlich, richtet sich nicht mehr gegen die Abhängigkeit von anderen Menschen, sondern gegen die Unterdrückung durch innere Mächte, gegen eine Art von Götzendienst der Grausamkeit und der Entwürdigung mitten in der Seele von Menschen. Israel ist im Kulturland, alle Verheißungen Gottes haben sich scheinbar erfüllt, aber es glaubt an Gott auf eine Weise, dass es Menschen quält, entfremdet und umbringt. Es ist vielleicht nichts schwieriger, als einem Menschen seinen Gott zu nehmen. Nichts macht ihn einsamer, ausgesetzter, verunsicherter und hilfloser. Aber grade das muss man oft tun, wenn man sieht, dass sein Gott in Wirklichkeit nichts weiter ist als ein System verinnerlichter Zwänge und Ängste, die ihn hindern zu leben und infolgedessen auch alle anderen Menschen an seiner Seite zu leben hindern. Elija stand dafür, mit wuchtigen Worten einzutreten für einen Gott der Menschlichkeit und die Quälereien und Götzenopfer zu beseitigen.

Nur auf diese beiden Pfeiler der Freiheit des Menschen von Menschen und der Menschlichkeit Gottes im menschlichen Herzen, auf Mose und Elija, gründet Jesus alles, was er zu sagen hatte, alles, was er tun wollte. Es lässt sich voraussehen, was passieren *muss*, wenn er vom Berge der Verklärung, dem Gipfelpunkt der Erleuchtung und der inneren Evidenz, hinabsteigt in die Täler und Niederungen. Es wird ein einziger Spießrutenlauf. Grad die Menschen, die er befreien möchte, werden sich aus lauter Angst am meisten sträuben, die Freiheit zu lernen. Grad die Menschen, die eigentlich auf Güte, Verstehen und Mitleid warten, werden zurückschrecken vor den Konsequenzen einer solchen Offenheit, einer solchen Dichte der Existenz. In der Tat, eine bestimmte Erfahrung von Glück ist konsequenterweise identisch mit der Vorbereitung zum Leid. Vielleicht gibt es überhaupt nicht zwei Berge, den Tabor hier und Golgota da, vielleicht ist beides ein und dasselbe, das Glück und das Leid. Die Schwierigkeit ist nur, dass man Golgota so aufdringlich von außen sieht, während der Tabor immer im Verborgenen bleibt. Wir aber glauben daran: Das Verborgene ist mächtiger als alles, was man sieht, und es gibt Formen des Glücks, die selbst durch den Tod nicht zu töten sind.

Jesajas Botschaft
Wir sind und bleiben Auserwählte Gottes

So spricht der Herr, der einen Weg durchs Meer bahnt,
einen Pfad durch das gewaltige Wasser,
der Wagen und Rosse ausziehen lässt,
zusammen mit einem mächtigen Heer;
doch sie liegen am Boden und stehen nicht mehr auf,
sie sind erloschen und verglüht wie ein Docht.
Denkt nicht mehr an das, was früher war;
auf das, was vergangen ist, sollt ihr nicht achten.
Seht her, nun mache ich etwas Neues.
Schon kommt es zum Vorschein, merkt ihr es nicht?
Ja, ich lege einen Weg an durch die Steppe
und Straßen durch die Wüste.
Die wilden Tiere werden mich preisen,
die Schakale und Strauße,
denn ich lasse in der Steppe Wasser fließen
und Ströme in der Wüste,
um mein Volk, mein erwähltes, zu tränken.
Das Volk, das ich mir erschaffen habe,
wird meinen Ruhm verkünden.
Jes 43,16–21

Gegen Hoffnungslosigkeit empfiehlt man für gewöhnlich Mut und gegen Traurigkeit gewöhnlich Optimismus. Aber unser Mut hängt häufig vom Zustand unserer Nerven und unser Optimismus vom Zustand unseres Gemüts ab. Bei wirklich schweren Infragestellungen unserer Existenz lässt sich weder mit Mut noch Optimismus auskommen.

Grade mit einer solchen fundamentalen Infragestellung von allem hat es aber der Mann zu tun, den wir den zweiten

Jesaja nennen. Er muss antworten auf eine Katastrophe seines Volkes, ähnlich jener, die zweihundert Jahre früher geschah, als die Assyrer Israel ausnahmen wie ein Vogelnest. Diesmal, noch schlimmer, trifft es den kleinen Reststaat Juda und sein Zentrum Jerusalem. Die Babylonier haben den Tempel verwüstet, die Stadt in Schutt und Asche gelegt und das auserwählte Volk mit sich in die Verbannung geschleift. Zerstreut wie eine Herde ohne Hirt ist das Volk Israel über die Berge und Hügel des Landes. Nicht etwas hat man ihm geraubt, sondern im Grunde alles, woran es seine Hoffnung festzumachen suchte. Die Tragödie dieses Volkes ist im Kern eine Katastrophe seines Glaubens, so sieht es aus. Denn entweder will oder kann Gott seinem Volk nicht helfen gegen die stärkere Macht der Babylonier. Und auf wen hat man sich eigentlich verlassen mit all den Gebeten und Opfern?

Immer wieder wird es im Leben jedes Einzelnen solche Stunden geben, da ihm alles zerschlagen scheint, woran er sich festzumachen suchte. Und es schien ihm doch wie von Gott gegeben, es schien ihm zuverlässig und sicher und soll nun überhaupt nicht mehr gelten, weil die Mächte von draußen, die Angst und die Ohnmacht stärker zu sein scheinen? Was kann man antworten in den Stunden der Verzweiflung? – Dieser Prophet versucht es, indem er eine Szene der Vergangenheit beschwört, eine Stunde, die genauso aussichtslos erschien, als Israel auf dem Weg in seine Freiheit vor den Streitwagenabteilungen der Ägypter floh. Das Rote Meer versperrte ihm den Weg, und es wusste nicht ein noch aus. Nach vorn durch das Wasser schien es nicht zu gehen, nach rückwärts war jeder Weg verriegelt. Es war der Mann Mose, der mit der Unerschütterlichkeit seines Vertrauens die Hand ausstreckte über das Wasser und einen Weg eröffnete im Unbegehbaren. Eigentlich nur durch ein solches stärkeres Vertrauen gegen jeden Augenschein ging es immer noch ein Stück weiter, und hätte es solche Stunden nicht auch gegeben, immer wieder gegeben, wären wir nie dahin gelangt, wo wir heute stehen.

Man wird einwenden: »Die Tage des Königs Nebukadnezar sind nicht die Tage des Mose; nichts wiederholt sich in der Geschichte, und etwas, was war, kehrt nicht zurück. Welch eine Hoffnung lässt sich aus der Vergangenheit begründen?« Nun denn, dann wird dieser Prophet, dessen Namen wir nicht kennen, dessen Botschaft des Vertrauens aber über die Jahrtausende ergeht, beharrlich fragen, bohrend weiterfragen: Aber welche Verzweiflung lässt sich begründen nur aus dem Zeugnis dessen, was war? Je verzweifelter wir sind, desto stärker packt sie uns bei den Schultern und dreht uns um nach rückwärts und zwingt den Blick immer weiter in die Vergangenheit. Alles darin erscheint dunkel und wie ein einziger Beweis der Ausweglosigkeit und Aussichtslosigkeit. Und doch gibt es die Stunden auch, die nicht zu widerlegen sind, wo die Hoffnung siegt über die Angst im Leben jedes Menschen, oder wir hätten gar nie zu leben gewusst. Beide, die Zeugnisse des Glücks und die Zeugnisse des Schmerzes, könnten sich neutralisieren, jedenfalls wäre schon viel gewonnen, wenn wir selbst in den Verfolgern der Angst so etwas zu sehen vermöchten wie eine Zulassung Gottes, wie wenn er selber die Streitwagenabteilungen des Pharao gesandt hätte, um sie zu erledigen, ein für alle Mal. Dies jedenfalls sagt der Prophet, nicht von sich her, nicht als eine menschliche Möglichkeit, sondern als Bote Gottes: Dies spricht der Herr: Denkt nicht mehr an das, was früher war. Auf das, was vergangen ist, sollt ihr nicht achten. Es lässt sich irgendwann ein Schlussstrich ziehen unter das Leid der Vergangenheit. Es lässt sich der Blick befreien für die Zukunft. Und spüren kann man mitten im Leid, dass etwas Neues beginnt. Mitten in der verbrannten Erde regt sich neuer Same, brechen neue Halme und Spitzen durch, entfaltet sich das Leben weiter. Es ist unser selbes, gleiches Leben, kein gänzlich anderes, und doch werden wir im Raum der Hoffnung und der Zuversicht zu neuen Menschen, nicht mehr der Angst, nicht mehr der Ohnmacht, nicht mehr der Verzweiflung, sondern der Hoffnung, fähig des Glücks, reif für die Freude.

Man muss diese Erfahrungen der Wüste einmal vor Augen haben, denn immer wieder mitten im Leid werden wir uns so erleben wie vor Sehnsucht Verkommende, wie Umherirrende vor den Horizonten einer ständigen Fata Morgana, und wir glauben an nichts mehr aus Angst vor Enttäuschung. Man muss die Tiere sehen, die Schakale, die Strauße, die Antilopen, wie sie in den Tagen der Dürre in der Steppe und der Wüste stehen und offenen Mauls die heiße Luft zu trinken versuchen aus Sehnsucht nach Wasser, und der Glutstrahl trocknet ihre Münder und Atemwege nur immer unbarmherziger aus. Wenn die Seen vertrocknen, machen sich die Entenvögel auf, hinein in die Wüste, nach neuen Wasserstellen, lassen sogar ihre Jungtiere zurück, die nicht verstehen, warum dort, wo vor Tagen noch Seen und Tümpel waren, nichts mehr ist als glutheißer Sand. Aber dann, in wenigen Stunden, können sich von Westen her Wolken zusammenballen über der Wüste und die Sonne verdunkeln, und es bricht Regen auf die Erde nieder, prasselnd und stark. In diesen Stunden explodiert das Leben in der Wüste vor Glück und vor Freude. Meterhoch springen die Antilopen, die Strauße führen einen überschwenglichen Taumelreigen der Seligkeit auf. Sie wissen nicht, aber sie werden auch nicht widerlegt dadurch, dass Monate später wieder die Trockenheit einbricht und der Tod Einzug hält.

Im Leben der Natur ist nichts weiter vorgesehen als ein Gleichmaß von Kommen und Gehen, von Werden und Verfallen, von Leben und Tod. Aber wir Menschen sind von Gott so geschaffen, dass wir aus diesem Gleichmaß heraustreten und wider alle Erfahrung des Irdischen, die wir nur allzu gut kennen, ein gewisses Maß der Hoffnung immer wieder auf die Waagschale des Lebens werfen. Dieser winzige, grammweise Betrag lässt die Schale niedersinken und das Leben weitergehen, unser Leben, hier auf Erden schon.

Denn diese Botschaft bleibt, und sie wird nicht zu erschüttern sein. Ein jeder von uns darf und soll so denken wie ganz Israel in der Schule dieses wunderbaren unbekannten Propheten im Exil in Babylon: Wir sind und bleiben Auserwählte Gottes. Gott hat sich mit uns nicht vertan. Er hält uns in seiner Hand und lässt uns niemals los, er verlässt uns niemals. Sein Eigentum bleiben wir, und er wird uns behüten, was immer geschehen mag. Unser Leben kann noch so gering aussehen, noch so ohnmächtig, noch so entwurzelt oft, wir bleiben das Eigentum Gottes in Zeit und Ewigkeit.

Ezechiel
Der Hirte Israels

»Ihr seid die Herde meiner Weide«

Das Wort des Herrn erging an mich: Menschensohn, sprich als Prophet gegen die Hirten Israels, sprich als Prophet, und sag zu ihnen: So spricht Gott, der Herr: Weh den Hirten Israels, die nur sich selbst weiden. Müssen die Hirten nicht die Herde weiden? Ihr trinkt die Milch, nehmt die Wolle für eure Kleidung und schlachtet die fetten Tiere; aber die Herde führt ihr nicht auf die Weide. Die schwachen Tiere stärkt ihr nicht, die kranken heilt ihr nicht, die verletzten verbindet ihr nicht, die verscheuchten holt ihr nicht zurück, die verirrten sucht ihr nicht, und die starken misshandelt ihr. Und weil sie keinen Hirten hatten, zerstreuten sich meine Schafe und wurden eine Beute der wilden Tiere. Meine Herde irrte auf allen Bergen und Höhen umher und war über das ganze Land verstreut. Doch keiner kümmerte sich um sie; niemand suchte sie. Darum, ihr Hirten, hört das Wort des Herrn: So wahr ich lebe – Spruch Gottes, des Herrn: Weil meine Herde geraubt wurde und weil meine Schafe eine Beute der wilden Tiere wurden – denn sie hatten keinen Hirten – und weil meine Hirten nicht nach meiner Herde fragten, sondern nur sich selbst und nicht meine Herde weideten, darum, ihr Hirten, hört das Wort des Herrn: So spricht Gott, der Herr: Nun gehe ich gegen die Hirten vor und fordere meine Schafe von ihnen zurück. Ich setze sie ab, sie sollen nicht mehr die Hirten meiner Herde sein. Die Hirten sollen nicht länger nur sich selbst weiden: Ich reiße meine Schafe aus ihrem Rachen, sie sollen nicht länger ihr Fraß sein. Denn so spricht Gott, der Herr: Jetzt will ich meine Schafe selber suchen und mich selber um sie kümmern. Wie ein Hirt sich um die Tiere seiner Herde kümmert an dem Tag, an dem er mitten unter den Schafen ist, die sich verirrt haben, so kümmere ich mich um meine Schafe und hole sie zurück von all den Orten, wohin sie sich am dunklen, düsteren Tag zerstreut haben. Ich führe sie aus den Völkern heraus, ich hole sie aus den Ländern zusammen und bringe sie in ihr Land. Ich führe sie in den Bergen Israels auf die Weide, in den Tälern und an allen bewohnten Orten des Landes. Auf gute Weide will ich sie führen, im Bergland Israels werden ihre Weideplätze sein. Dort sollen sie auf guten Weideplätzen lagern, auf den Bergen Israels sollen sie fette Weide finden. Ich werde meine Schafe auf die Weide führen, ich werde sie ruhen lassen – Spruch Gottes, des Herrn. Die verlorengegangenen Tiere will ich suchen, die vertriebenen zurückbringen, die verletzten verbinden, die schwachen kräftigen, die fetten und starken behüten. Ich will ihr Hirt sein und für sie sorgen, wie es recht ist. Ihr aber, meine Herde – so spricht Gott, der Herr –, ich sorge für Recht zwischen Schafen und Schafen, zwischen Widdern und Böcken. War es euch nicht genug, auf der besten Weide zu weiden? Musstet ihr auch noch euer übriges Weideland mit euren Füßen zertrampeln? War es euch nicht genug, das klare Wasser zu trinken? Musstet ihr den Rest des Wassers mit euren Füßen verschmutzen? Meine Schafe mussten abweiden, was eure Füße zertrampelt hatten, und trinken, was eure Füße verschmutzt hatten. Darum – so spricht Gott, der Herr, zu euch: Ich selbst sorge für Recht zwischen den fetten und den mageren Schafen. Weil ihr mit eurem breiten Körper und eurer Schulter alle schwachen Tiere zur Seite gedrängt und weil ihr sie mit euren Hörnern weggestoßen habt, bis ihr sie weggetrieben hattet, deshalb will ich meinen Schafen zu Hilfe kommen. Sie sollen nicht länger eure Beute sein; denn ich werde für Recht sorgen zwischen Schafen und Schafen.

Ich schließe mit ihnen einen Friedensbund: Ich rotte die wilden Tiere im Land aus. Dann kann man in der Steppe sicher wohnen und in den Wäldern schlafen. Ich werde sie und die Umgebung meines Berges segnen. Ich schicke Regen zur rechten Zeit, und der Regen wird Segen bringen. Die Bäume des Feldes werden ihre Früchte tragen, und das Land wird seinen Ertrag geben. Sie werden auf ihrem Grund und Boden sicher sein. Wenn ich die Stangen ihres Jochs zerbreche und sie der Gewalt derer entreiße, von denen sie versklavt wurden, werden sie erkennen, dass ich der

Herr bin. Sie werden nicht länger eine Beute der Völker sein, von den wilden Tieren werden sie nicht gefressen. Sie werden in Sicherheit wohnen, und niemand wird sie erschrecken. Ich pflanze ihnen einen Garten des Heils. Sie werden in ihrem Land nicht mehr vom Hunger dahingerafft werden, und die Schmähungen der Völker müssen sie nicht mehr ertragen. Sie werden erkennen, dass ich, der Herr, ihr Gott, mit ihnen bin und dass sie, das Haus Israel, mein Volk sind – Spruch Gottes, des Herrn. Ihr seid meine Schafe, ihr seid die Herde meiner Weide. Ich bin euer Gott – Spruch Gottes, des Herrn. Ez 34,1–22; 25–31

Wie die nervös vibrierende, schreiend schrille, dann wieder sanft und melodisch klingende Stimme einer Flöte über die Geschichte der Menschen ist das Wort des Propheten Ezechiel – in seiner leidenschaftlichen Wucht und in seiner leidenden Wut, in seiner Verzweiflung angesichts der Wirklichkeit und in der unbeirrten Sicherheit des Vertrauens zu einem Gott, der sich wie verborgen zu halten scheint, nur um desto sicherer auf seine Weise, für sein Volk und eigentlich auch für sich selbst gegenüber dem Götterhimmel der Heiden, für Klärung und Klarheit zu sorgen. Es ist eine erregende, keine leise Rede, aufgewühlt innerlich, wie schäumende Gischt, die vom Sturm gepeitscht an das Bollwerk eines Deichsystems brandet, in dem es längst die Lücken entdeckt hat, durch die das Wasser dringen muss, um alles niederzureißen. Denn was der Prophet vor sich sieht, ist ein Zusammenbruch, der längst eingetreten ist: Jerusalem geplündert, ein Teil des Volkes deportiert, und alles spricht dafür, dass dies nur der Anfang der Greuel und des Grauens sein wird.

Es war am 16. März des Jahre 597 v. Chr., dass die Sturmtruppen des babylonischen Königs Nebukadnezar Jerusalem aufbrachen und die erste Welle der Deportationen einleiteten. Der König von Judäa, Jojachin, wurde inhaftiert; er bleibt 30 Jahre in babylonischer Haft, gewissermaßen das

Geiselopfer einer Politik, die fast alternativlos alles falsch gemacht hat. Mit dieser ersten Deportationswelle gelangte, wie wir hörten, auch jener Mann nach Babylon, den wir in der Bibel unter dem Namen Ezechiel kennen: ein priesterlich Redender, der indessen kein Priester war, eher ein Schriftgelehrter im wörtlichen Sinne, ein kulturell, ein gesellschaftlich Gebildeter auf jeden Fall. Dieser Mann versuchte in Babylon, beobachtend, Informationen sammelnd über die Lage, in welche das Volk Gottes geraten war, nachzudenken und eine Deutung der Ereignisse in seiner Zeit zu formulieren.

Wie lässt sich reden mit einem Volk im Exil? Wie lässt sich Hoffnung begründen angesichts der Katastrophe? Würden wir, im Grunde wie üblich, den Text rein historisch-kritisch auslegen, so dürften wir uns als Erstes zurücklehnen und hätten gemächlich die sachdienlichen Informationen zur Kenntnis zu nehmen. Schon dass der Prophet Ezechiel im Kontext des babylonischen Exils zu sehen ist, zeigt die Bezogenheit seiner Rede. Noch gibt es nicht das deuteronomistische Geschichtswerk, eben den Versuch einer neuen theologischen Geschichtsdeutung im 6. Jahrhundert v. Chr., beginnend mit dem 5. Buch Moses, dann das Josua- und Richterbuch durchziehend, die beiden Samuelbücher sowie die beiden Königsbücher umfassend – mit einer einzigen Stoßrichtung: der These nämlich, die Schuld an dem Desaster der Zerstörung Jerusalems 10 Jahre später im Jahre 587 trage vor allem und wesentlich die regierende Klasse, zusammengesetzt aus Königen, Priestern und reichen Geschäftsleuten. Das deuteronomistische Geschichtswerk, parallel zu der Botschaft des Propheten Jeremia, wird an dieser Stelle von Ezechiel sozusagen vorwegerfunden. Er interpretiert die Geschichte noch viel radikaler, als es wenige Jahrzehnte in diesem groß angelegten Geschichtswerk mit vielen Quellentexten, die verarbeitet werden, geschehen wird. Ezechiel liebt es, in Gleichnisreden und Rätselreden förmlich auszuweichen, um nicht allzu »persönlich« zu werden.

Der Ton seiner Sprache kann gelehrt sein, kann beißend werden, ist zuallermeist aber fast unterkühlt, er wirkt wie distanziert, oft wie auf Eis liegend; doch was diese Feststellung wirklich bedeutet, wird man wohl nur verstehen, wenn man denkt, dass gerade auf diese Weise ein tief verletzter Mensch sich schützt; – er vereist die Rede, damit die eigenen Verletzungen nicht mehr so wehtun. So jedenfalls glaubt man es fast zu spüren. Ezechiel redet gewissermaßen um so nüchterner, als er sofort in Tränen ausbrechen würde, wenn seine Reden sich mit den persönlichen Gefühlen vermengen würden.

Was wirft ein Mann wie Ezechiel der regierenden Klasse vor? Im Grunde das unter den israelitischen Propheten übliche: Sie sind »weggehurt«, sie sind »bocksgeil« gewesen nach jeder fremden Gottheit. Sie haben sich verpaart mit allem, was ringsum religiös im Angebot war, und dafür haben sie den wahren Gott Jahwe, den Führer Israels, aus den Augen verloren und damit das ganze Volk in die Irre geführt. Der Grund: – sie meinten nur sich selber! Sie verdienten an allem: An der Angst des Volkes gewannen sie ihre Macht, an der Ausbeutung des Volkes ihre vollen Geldsäcke, an den Kriegen, die sie führten oder vom Zaun brachen, errichteten sie ihre Denkmäler und ihre Bedeutsamkeiten, und selbst die verlorenen Kriege waren eine heilige Gottespflicht, für die das Volk nur leider hinterdrein die Zeche bezahlen musste. Immer war es triumphal und großartig, und immer schneller ging es bergab.

Und was verheißt nun Ezechiel?

Wir hören, dass dieser Mann, konservativ, wie er ist, zur Rettung aus dem eingetretenen Desaster im Ernst einen neuen David verkündet. *Der* werde das Volk leiten, so wie Gott es selber tue. Diese Einstellung ist schon deshalb merkwürdig, weil es vom 1. Buch Samuel an (1 Sam 8,8–20) eine breite Tradition gibt, die über das Königtum Davids radikal kritisch sich äußert; eigentlich erwartete man auch von Ezechiel, dass er diese kritische Sicht aufgreift und vertieft. Gerade das aber ist nicht der Fall. Ezechiel glaubt an einen künftigen König, freilich an einen »richtigen« König, nicht an solche Zerrbilder von »Königen«, wie man sie nun schon seit 400 Jahren hat erleben müssen. Wäre gegenüber solchen Komödianten der Macht einmal ein wirklicher Mann auf dem Thron, der seine Sache ernst nähme und nicht nur Theater spielte, müsste dann nicht alles auf einen Schlag anders und besser werden?

Aber dem Propheten fällt zu dieser Idee offenbar selber nichts mehr ein; das einzige, was er in Aussicht stellt, ist die Erwartung, dass es so einen David geben *müsste*. Nicht einen einzigen Kommentarsatz formuliert Ezechiel dazu, was ein solcher Zweiter David denn nun tun, wie er regieren soll. Fast möchte man denken, Ezechiel rede hier, wie wenn jemand einen Anker nach einem Grund auswirft, den er selber nicht mehr findet. Statt dessen rekurriert Ezechiel auf die Formel, die im Grunde bereits am Sinai Gültigkeit erlangte, längst ehe es einen David gab; diese Formel ist der wirkliche Grund, auf dem Ezechiel steht: Ich, wird da Gott sagen, bin Euer Gott und Ihr seid mein Volk (Ex 19,5). Es geht im Grunde überhaupt nicht um David! Es müsste *ein zweiter Moses* her, um das Volk zu retten. Was Ezechiel vorschwebt, ist offenbar eine Generalreform des ganzen Volkes: – die ganze Religion noch einmal von Grund auf erneuert und von allen Beimischungen gereinigt!

Von daher legt sich das Weitere bereits nahe: Was »*Babylon*« als Exil in der Sicht des Ezechiel bedeutet, ist im Grunde soviel, wie dass Gott sein Volk noch einmal in die Wüste hinausjagte, damit es alles *noch einmal* von vorne lerne. Zwar ist es sehr fraglich, ob ein solches Volk, wie Ezechiel es zeichnet, jemals irgend etwas lernen wird, aber so müsste es sein, und also wird es so auch sein; es kann überhaupt nur so kommen, weil es in jeder anderen Weise längst schief gegangen ist und immer wieder schief gehen wird.

Das alles lässt sich in der Botschaft des Ezechiel historisch rekonstruieren: So hat Ezechiel wohl gedacht! Aber die Frage stellt sich sofort: Was hat denn das alles nun mit uns zu tun? Ganz gewiss glauben wir nicht mehr an einen kommenden König David. Gleichwohl hören wir eine ganze Reihe von Anklängen an Gedanken dieser Art im Neuen Testament, auf welche in christlicher Glaubens»unterweisung« bis heute offenbar nicht zu verzichten ist. Tatsächlich hat Jesus ohne Zweifel den uralten, schon altägyptischen Gedanken von Gott als dem *Völkerhirten*, der in der Gestalt eines Königs repräsentiert wird, aufgegriffen und auf seine Weise gedeutet, etwa im 15. Kapitel des Lukasevangeliums, in dem Gleichnis vom guten Hirten. All das, was Ezechiel in diesen Texten hier als Tätigkeit Gottes hinstellt, übernimmt Jesus dort für sich: Er wird hinausgehen, das Verlorene zu suchen; er wird das Verlaufene einzuholen sich bemühen; er wird die Kranken zu heilen sich unterfangen und das Zerbrochene aufrichten. In der Haltung Jesu ist es, wie wenn endlich milder Regen auf die Erde fallen würde, auf dass die Zeiten der Dürre und des Durstes vorüber sind. Da herrscht ein neues, inneres Gespür für das, was sein müsste: kein neuer König, aber ein »behütender« und behutsamer Umgang der Menschen miteinander!

Und ein anderer Gedanke tritt hinzu: die Idee von dem Neuen Bund. Ezechiel übernimmt diese Idee von Jeremia, so darf man vermuten, spricht sie ihm nach, interpretiert sie auf seine Weise, dass Gott mit seinem Volk einen Neuen Bund schließen müsse, um den Zerbruch des alten Verhältnisses zu heilen. Natürlich gibt es keine gerade Rückkehr zum Sinai, das weiß auch Ezechiel; aber es gibt einen Neuanfang ganz tief im Herzen des Menschen; zwei Kapitel später wird Ezechiel es denn auch so schildern: Ins Innere des menschlichen Herzens wird Gott seine Gesetze schreiben.

In dem, was wir den Neuen Bund, das Neue »Testament« nennen, greift ohne Zweifel auch Jesus selber diese Idee wieder auf. Die gesamte Beziehung zwischen Mensch und Gott sollte von innen her getragen werden und sich entscheidend orientieren an den Notleidenden. Der Maßstab für eine wahre Religion, der von Ezechiel hier schon gesetzt wird, ist in der Tat prophetisch; er übergreift in der Gültigkeit seines Anspruchs Jahrhunderte und, wie es scheint, in der Unabgegoltenheit dieser Sicht Jahrtausende.

»Ich will richten«, spricht der Gott des Ezechiel, »zwischen den Schafen und den Schafen, den fetten und den mageren.« Wie Menschen zueinander stehen, ist hier das Richtmaß. Es ist das Präludium zu dem, was Jesus in seinem letzten Gleichnis, im 25. Kapitel bei Matthäus (Mt 25,31–46), erzählen wird: Gott wird die Menschen wie Schafe richten, und seine einzige Frage wird sein: Wie bist du gewesen gegenüber den Schwachen? Nur das zählt. Auf eine solche Frage, man begreift, lässt sich durchaus nicht antworten mit der Ausrede: »Aber die da oben haben es uns diktiert. Die haben uns verführt. Die haben die Gesetze gemacht, nach denen wir uns richten mussten.« Es zählt überhaupt nicht länger, was »die da oben« gemacht haben, sondern was da drunten gemacht wird, wer du selber als Mensch bist, das ist die Ebene, die vor Gott gilt.

Da hat jemand gut und recht gelebt. Aber es war ihm nicht gut genug. Er musste buchstäblich sich noch an dem anderen bereichern. In der Sprache des Ezechiel: Es war ihm nicht genug, »reines Wasser zu trinken«. Er hatte nötig, das Wasser des anderen zu trüben. Denn da, wo der andere nicht mehr leben kann, weil sein Wasser verdorben wurde, kann nun er selber sich ausbreiten, hat er dazu gewonnen. Konkurrenz statt Gemeinsamkeit, Kampf aller gegen alle statt Kooperation – das ist es, was Ezechiel zum Vorwurf macht.

Religion ist in diesem Sinne keine Frage der Verordnungen, sondern der Lebensweise, nicht eine Lehrformel, sondern eine Form des Umgangs miteinander. Und wir begreifen, dass das, was Ezechiel seinen Gott Jahwe nennt, kein stehender theologischer Begriff mehr ist. Selbst in der Bibel hat dieser Jahwe-Gott furchtbare, schreckliche, racheerfüllte, grausame Züge. Was mit »Jahwe« indessen eigentlich gemeint ist, interpretiert sich durch die Art und Weise, wie er hier redet. An dieser Stelle ist Ezechiel sowohl konservativ wie progressiv. Konservativ, wie er ist, möchte er, dass die ursprüngliche Idee des Bundes zwischen Gott und Mensch, so wie er sie hier versteht, sich auch für die Zukunft als bindend und gültig entwirft. Darin ist er »progressiv«. War nicht schon einmal Jahwe, der Gott, jemand, der sich eines umherirrenden Aramäers in der Fremde annahm? (Dtn 26,5) Und wenn er das getan hat, war er dann nicht immer schon der Gott der Schwachen, der Ohnmächtigen? Und müsste man nicht alles, was geschieht auf Erden, aus dieser Perspektive betrachten? Oder man wird es erleben, denkt sich Ezechiel, dass Gott selber an die Hirten, an die fetten, geht und es ihnen zeigt, dass es nicht gut enden kann, wenn man an nichts Genügen findet.

Wir sehen, selbstverständlich sofort, dass eine solche theologische Auslegung nicht ohne eine Vielzahl möglicher aktueller Bezüge ist. Und dennoch ist uns die ganze prophetische Erregung dieser Texte im Grunde ins Moralische beziehungsweise ins Theatralische entglitten. Der wirkliche Schock, der in der Rede des Ezechiel liegt, ist nicht so konkret zeitbezogen, wie wir es gerne hätten. Seine Rede selber ist dichterisch, und das, was er sagen möchte, greift weit hinaus über den aktuellen Anlass. Eben deswegen spricht er von der Herde und dem Hirten. Fragen wir deshalb, um das Bild zu verstehen, welch ein Anliegen sich hier ausspricht: Was ist das eigentliche Gefühl, das Ezechiel hier innerlich beherrscht, was ist sein Grundempfinden, was das Problem, der Konflikt, den er als einen menschheitlichen begreift?

So gefragt, ist die Antwort recht deutlich. Stellvertretend für sein ganzes Volk erlebt Ezechiel den Zusammenbruch buchstäblich von all dem, was bis dahin als Autorität gegolten hat: König, Priester, Adel – sie alle, die glaubten, die Führerschaft in Händen zu haben, haben abgewirtschaftet, und es war offensichtlich ein Fehler, sich diesen »Autoritäten« jemals anvertraut zu haben. Aus jedem wirklichen politischen und gesellschaftlichen Desaster gilt es, meint Ezechiel, dies als wesentliche religiöse Einsicht zu lernen: Folge nicht den Autoritäten, die sich an die Stelle Gottes setzen, so dass am Ende Gott aufstehen muss, um sie alle zu beseitigen, damit endlich er selber wieder in ein Verhältnis der Unmittelbarkeit zum Menschen tritt.

Reflektieren wir diese Erkenntnis psychologisch, dann stoßen wir auf ein Thema, das zu den aufregendsten überhaupt zählt. Was ist es mit dem Verlust einer unglaubwürdig gewordenen, einer im gewissen Sinn als verbrecherisch entlarvten Autorität? Anhand der »Dichtung« dieses Textes haben wir nicht nur die Erlaubnis, sondern die Aufforderung geradewegs, es auf allen Erfahrungsebenen seiner dichterischen Gestaltung einmal durchzuprobieren.

Nehmen wir die Ebene der unmittelbaren Autorität, die für ein Kind bereits besteht: *die Elternautorität* im Rahmen der Familie, oder nehmen wir die Frage der *Autorität im Raum des Heiligen:* der Kirche; nehmen wir sie *im Raum des Politischen:* der staatlichen Ordnung. Auf all diesen drei Ebenen tauchen Autoritäten auf, und sie können auf eine Weise wirken, dass Zerstörung statt Aufbau, Unterdrückung statt Freiheit, Unmenschlichkeit statt Menschlichkeit die Folgen sind.

Was überhaupt bringt Menschen dahin, sich im Sinne des Ezechiel den Vorwurf zuziehen zu müssen, dass sie »fremden Göttern« nachgelaufen sind und deswegen eine Katastrophe angerichtet haben? Es ist dies der Punkt, an dem wir mit allem historisch-kritischen Erklärungsmaterial nicht mehr zurande kommen. Denn die Antwort kann nicht einfach mehr heißen: Die Ursache für das Desaster liege darin, dass man den Stammesgott Israels kultisch nicht mehr in Ausschließlichkeit verehrt habe, sondern zum Beispiel die Kulte der Assyrer, der Babylonier, der Kanaanäer ins Volk habe einsickern und sogar bis in den Tempel habe vordringen lassen. Es geht hier nicht länger um Religionsgeschichte. Es geht um die Frage, wie eine Autorität sich etabliert, die Gott, anstatt ihn zu vermitteln, verstellt. Das will man wissen.

Fragen wir also einfach einmal, wie *in manchen Familien* schon die Eheleute einander sich als Autoritäten der Lebensverhinderung präsentieren können und wie das Zusammenspiel der Eltern bereits dahin führen kann, dass Kinder weder zu sich selber noch zu einem Gott finden, aus dessen Hand sie hervorgegangen wären. Was passiert da eigentlich? Um das zu verstehen, müssen wir freilich von dem Ton des Ezechiel, von der Attitüde der Anklage, einmal wegkommen. Immer wenn wir Psychologie treiben, taugt sie nicht zum Vorwurf, sondern sie bemüht sich allenfalls, Tragödien zu entziffern und in irgendeiner Weise nach Lösungen zu suchen.

Wir können als einfachste Situation, wie Autoritäten missbräuchlich werden, uns einmal denken, dass da ein Mann existiert, der seit Kindertagen hat lernen müssen, nur ja alles richtig zu machen. Wir setzen, dass er eine Mutter hatte, die im Wesentlichen einen tüchtigen Sohn, einen fehlerlosen Sohn wollte, einen Sohn, der nur gute Noten mit nach Hause bringt und der später im Beruf untadelig ist. Ein solcher Mann wird geneigt sein, seinen Perfektionismus, sein Zwangsdenken, seine Angleichung an routinierte Standards selbstverständlich auch auf den Umgang mit seiner Ehefrau anzuwenden. Keinem Menschen, so wissen wir, ist es möglich, fehlerfrei zu bleiben; irgendwann wird selbst dem vermeintlich Untadeligen ein Fehler unterlaufen. Aber es wäre einem solchen Menschen unerträglich, einen solchen Fehler zuzugeben. Der eigenen Frau zu sagen, man habe etwas falsch gemacht – das kann nicht sein. Schon dass die Frau einen Fehler entdeckt hat, muss für ihren Fehler gelten. Sie muss sich geirrt haben. Also muss der Beweis angestrengt werden, dass sie die Schuld daran trägt, dass dies und das überhaupt zustande gekommen ist. *Er* ist die

Autorität. *Er* vertritt die Wahrheit. Sie hat zu gehorchen. Es ist *sein* Weltbild, das sie zu akzeptieren hat; nur das bietet die Basis des Zusammenlebens. Merke: »Ich bin der Herr dein Gott«, würde ein solcher sagen, und: »Du sollst keine fremden Götter neben mir haben.« Natürlich wäre es falsch zu unterstellen, dass ein Mann, wie wir ihn hier charakterisieren, seine Frau drangsalieren und tyrannisieren *wollte*. Seine Zwanghaftigkeit liegt gewissermaßen wie ein fremder Wille in ihm. Und das ist es, was wir, psychisch betrachtet, als »Sein-wollen-wie Gott« oder als »Abfall von Gott« bezeichnen müssten. Es ist soviel, wie dass keine Freiheit mehr existiert, sondern dass unser Ich besetzt wird vom Überich. Da thront in uns ein Götze der Gewalt und der Angst, und ihm glauben wir viel mehr als der Freiheit, der Güte, der Selbstentfaltung, dem freien Austausch der Rede, der Partnerschaftlichkeit im Umgang miteinander.

Natürlich kann eine Frau an der Seite eines solchen Mannes sich auf ihre Weise schadlos halten. Sie beispielsweise hat gelernt, dass man als Mädchen auf sich achten muss. Der Vierzehnjährigen schon wurde bedeutet, Männer wollten nur das Eine, und es liege an einem Mädchen, die Situation zu kontrollieren, in die es zum Beispiel nach einem Tanzvergnügen geraten kann, wenn es später als 21 Uhr nach Hause kommt. Kurz, ein solches Mädchen hat nichts gelernt als die Angst vor sich selber und vor den »Wölfen« im Lande, vor den Raubtieren, mit Ezechiel gesprochen, die man eigentlich ausrotten sollte. Aber es gibt diese »Wölfe« immer noch. Eine solche Frau nun kann in ihrer Angst die Welt sehr schnell dahin entwerfen, dass man als Frau im Grunde doch ein besseres Wesen sei. Bestimmte Dinge tut man als Frau ja nicht, solche Dinge wünscht man nicht einmal. Wenn aber die Männer sie nun doch wünschen, diese Dinge, zeigt sich dann nicht ganz einfach ihre dumpfe Schlechtigkeit und abgrundtiefe Primitivität? Eine Frau kann sich fügen; aber sie kann ihrem Mann gleichzeitig ein schlechtes Gewissen vermitteln, dies und das gewollt zu haben. Sie kann alle Bemühungen im Grunde frustrieren. Er, der andere, ist nicht nur in gewisser Weise halb tierisch, halb wölfisch, er ist im Grunde auch unfähig, zärtlich und liebevoll genug auf das Wesen einer Frau einzugehen. Als ein ordentlicher Ehepartner scheidet er eigentlich schon aus, weil er ein Mann ist.

Es genügt diese Beschreibung, um zu sagen, dass man sogar mit Zurückhaltung, mit einer gewissen vornehmen Scheu, mit einer moralisch aufgenötigten Distanz Autorität bilden kann: Der Mann hat die Pflicht, sich zu schämen, weil er die Reinheit seiner Frau beschmutzt hat. Diese umso mehr wächst in das Ideal einer Madonna hinein. Und die weitere Geschichte lässt sich leicht denken: Sie wird irgendwann ein Kind bekommen und es an Stelle ihres Mannes in die Arme schließen. Der Mann seinerseits wird stillschweigend Shakespeare zitieren: »Der Mohr hat seine Schuldigkeit getan«; zähneknirschend wird er auf Abstand gehen. Das scheint zunächst sogar nicht unangenehm, denn die Frau fühlt sich mit ihrem Kinde so wohl, dass sie des Mannes schon gar nicht mehr bedarf, außer dass er weiter für den Unterhalt sorgt. Gleichwohl verstehen wir, dass eine Frau, wie wir sie uns vorstellen, unter diesen Umständen für ihr Kind zu einer absoluten Autorität wird. Dass es dahin kommt, liegt schon daran, dass sie des Kindes bedarf, um selber zu leben. Warum bin ich auf der Welt? Wo gibt es jemanden, der mich ganz und gar lieb hat? Und vor allem: Wen kann ich selber lieben, so wie ich selber als Kind schon hätte geliebt werden mögen? All diese Fragen beantwortet *ein Kind*, kaum dass es auf der Welt ist. Und die Mutter: – jeden Tag wird sie zeigen, dass sie eine sehr gute Mutter ist, sehr treu sorgend, sehr pflichtbewusst, sehr liebevoll.

Die *Konflikte* werden frühestens beginnen, wenn das Kind 6 bis 7 Jahre alt ist und in die Schule kommt, spätestens wenn es 12 oder 13 Jahre alt ist und wenn es beginnt, erwachsen zu werden. Wir können verallgemeinernd auch sagen, dass jede ungelöste Problemstellung in unserem Leben, die danach drängt, einen anderen zu brauchen, um stellvertretend in ihm die eigenen Konflikte auszutragen, die Ursache einer solchen falschen Autoritätsentwicklung bildet, und zwar nicht, weil wir das bewusst wollten, sondern weil wir uns aus lauter Not mit einem quasi göttlichen Anspruch vor anderen aufwerfen. Es genügt uns dann einfach nicht mehr, nur Menschen zu sein. Wir wollen etwas Unbedingtes, Absolutes, und finden wir es nicht in uns selber, so müssen wir andere nötigen, durch ihr Dasein uns als absolut erscheinen zu lassen.

Natürlich lässt sich denken, dass in manchen Familien die Kinder zu den Ersatzfiguren der ungelebten Wünsche der Eltern werden. Etwa so: Die Mutter wollte mit fünf Jahren eigentlich zum Ballett gehen, doch ihre Eltern hatten dafür kein Geld. Was also läge jetzt näher, als die Tochter mit drei Jahren schon zu bestellen, das Tanzen zu lernen! Oder: Die Mutter wollte als Mädchen achtjährig reiten lernen lassen, aber es war ihr nicht vergönnt. Wie aber jetzt, wenn die Tochter eine Turnierreiterin würde? Man will selbstredend nur das Beste für die Kinder; aber indem man ständig für sie denkt, unterlegt man ihnen die eigenen Wünsche projektiv und befriedigt sie in ihnen ersatzweise; man engt damit das fremde Leben ein; man bildet eine elterliche Autorität zum Schaden des an sich so geliebten Kindes.

Hinzu kommt, dass viele Reibereien und Streitereien zwischen den Eltern dahin führen können, ein Kind zum »Sündenbock« zu machen. Der Vergleich mit einem Tier trifft zu. Manchmal ist es für Tierfreunde schon von Weitem ersichtlich, dass Eheleute ihre Konflikte abtragen, indem sie als Blitzableiter ihren Hund oder ihre Katze hernehmen. Immer wenn sie sich übereinander ärgern, ist es der Hund oder die Katze gewesen: Der Hund hat wieder mit seinen Pfoten den Teppich verschmutzt, oder die Katze hat die Milch umgestoßen – irgendeinen Grund gibt es immer, sich zu ärgern, und zwar gemeinsam zu ärgern, und zwar besser über die Katze und den Hund als miteinander zu leben wie Katze und Hund. Wenn kein Tier, kann das *Kind* allemal als Blitzableiter taugen. Irgend etwas um die Ohren verdient es immer; der Vater zum Beispiel schützt die Mutter vor der Aggression des Sohnes, und die Mutter, dankbar, begreift, dass, wenn der Vater ärgerlich wird auf seinen Sohn, er gewiss nicht mehr ärgerlich sein wird auf sie. So fungiert das Kind als Problemlöser einer Ehe, die sonst explodieren würde auf Grund ihrer Konflikte. Es ist deutlich, dass das Kind all die Schwierigkeiten von Seiten der Eltern in sich wird übernehmen müssen. Am Ende erlebt ein solches Kind wirklich sein Leben wie eine zerstörte heilige Stadt, wie ein verwüstetes Jerusalem. Es existiert wie in der Fremde.

Man kann in diesem Sinne den gesamten Katalog durchgehen, den Ezechiel selber hier aufstellt, wie »Hirten« mit ihrer »Herde« umgehen sollten – sagen wir: wie in diesem Fall Eltern mit ihren Kindern oder wie ein Mann mit seiner Frau oder eine Frau mit ihrem Mann umgehen sollte. Die Aufzählung beginnt mit der Forderung, *Schwache zu stärken.* Eine Autorität im Sinne des Ezechiel hätte nur Wert und Bedeutung, wenn sie imstande wäre, ihre erwiesene Überlegenheit zu nutzen, um die Schwächen des anderen nicht auszubeuten, sondern abzuarbeiten. Autorität sollte nicht entmutigen, sondern ermutigen. Das Verhältnis der Autorität zu den Abhängigen sollte nicht in dem Schema bestehen müssen: Ich bin der Wissende, der Könnende, der Leistende, und du bist der Lernende, der noch Unfähige, der zu Gehorsam Verpflichtete. Autorität sollte Zug um Zug darin bestehen, sich selbst zu erübrigen, indem der andere nachwächst und von innen her lernt, was er zum Leben braucht. Das zu fördern, zu begleiten, zu unterstützen, mit anderen Worten: Schwächen stark zu machen, bildete die Aufgabe der Autorität. Wenn wir eingangs Ezechiel als einen seelsorglich denkenden Propheten beschrieben haben, als von Gott beauftragt mit dem »Wächteramt«, dann müssen wir jetzt sagen: Was er hier schreibt, hat im Grunde *therapeutisches* Format. Es geht nicht darum, den »Wächter« zu spielen als den »Oberaufseher«; es geht darum, Begleiter zu sein. Wie das?

Jemand äußert, dass er sich minderwertig fühle, dass er sich erniedrigt vorkomme, dass er sich als am Boden liegend erlebe. Wie redet man mit einem solchen Menschen auf eine Weise, dass er mitten in all seinem Leiden die Stärken begreift, die doch in ihm auch liegen? Mag sein, er klagt seiner Frau etwa, dass er zu weinerlich sei, dass er zu wehleidig sei oder zu schwach für dieses Leben; aber in Wirklichkeit: – wieviel an Sensibilität kann in solchen Worten liegen, wieviel an Suche nach einer Menschlichkeit, die so noch nie gefunden wurde, aber sich vermitteln möchte! Wieviel ist es wert, dass ein Mensch bestimmte Probleme überhaupt wahrnimmt inmitten einer Welt, in welcher alle anderen sie verdrängen, sie vor sich herschieben oder in die anderen hineinlegen? Ganz oft, in jeder Psychotherapie eigentlich, kommt irgendwann die Stelle, dass jemand es sich geradewegs zum Vorwurf macht, Hilfe überhaupt zu brauchen. Könnte es nicht sein, dass das, woran Menschen leiden, nur die Kehrseite dessen ist, was sie wertvoll macht, und sie müssten es nur als ihre Stärke begreifen und verstehen? Darum wäre es absolut glaubhaft, wenn einer dem anderen sagte: »Ich sehe in dir soviel Schönes und Gutes, für das Du im Moment nur noch keine Augen hast; aber ich weiß: das gibt es!« Eine solche »Autorität«, die *mehr* an uns glaubt, als wir selbst es oft können, verdient wirklich »Gehorsam« und in gewissem Sinne Gefolgschaft; denn diese Folgsamkeit führt in die Freiheit. Alles, was sie zu sagen hat, liegt ja in uns selber und wartet nur darauf, sich zu entfalten.

Wirklich sagt Ezechiel sogar, seine »Autoritäten«, seine »Hirten« sollten *die Kranken heilen*! Dieser Satz ist so kostbar, weil immer wieder die Frage gestellt wird, ob denn das Kranke in unserem Leben nicht die Ausnahme sei. Tatsächlich ist alles seelisch »Kranke« wie ein Berg, der sehr hoch aufragt und uns zeigen kann, was ganz »normal« im Bodenprofil des Planeten Erde steckt: bedeckte das Meer nicht die Abgründe, sähen wir viele Inseln als Gebirge bis zu 8000, 10 000 Meter Höhe; dass es solche Berge gibt, beweist nur, von welch gewaltigen Kräften im Erdinneren sie hochgedrückt wurden. Die hohen Berge sind keine Ausnahme, sie machen nur deutlich, was überhaupt gilt. Manchmal brauchen wir eine Extremdarstellung, damit wir die Normalität allererst begreifen. Oft werden wir erst aufmerksam bei überdimensionierten Wirkungen; erst dann denken wir nach und finden jene Ursachen, die allerorten ganz normal sind. Mit einem Wort: Die seelisch und körperlich Kranken sind nicht die Ausnahmen. Sie sind lediglich die Träger von Symptomen, die darauf hinweisen, was sich im Normalen ändern müsste, um all diese Krankheiten nicht zu produzieren. »Du bist krank«, bedeutet mithin nicht: »Du bist ein Versager.« Es heißt unter Umständen: »Du übernimmst die Last von vielen, vielen Generationen, ganz sicher von deiner eigenen Familie, und löst sie stellvertretend. Du hast überhaupt keinen Grund, schlecht von dir zu denken. Sicher, du warst bisher das Opfer. Aber das muss nicht immer so sein und bleiben. Es ist lediglich nötig, dass du die Autoritäten von damals nach und nach verlierst.«

Das Schwierigste ist, dass wir immer wieder erleben, wie Menschen sich quälen und gegen sich selber handeln, indem sie uralten Autoritäten, Vater und Mutter vor allem, immer noch folgen, voller Angst, sie würden sonst nicht mehr geliebt und sie verlören dann den letzten und einzigen Halt, den sie je besessen hätten. Wie aber, wenn gerade die Gefolgschaft gegenüber einer bestimmten Autorität in die Katastrophe führt? Am Ende ist man noch ratloser, wenn nicht einmal Vater oder Mutter, die Leit- und Haltfiguren der Kindheit, gewusst haben, was richtig und falsch ist. Und doch: welch eine Chance liegt darin, durch derartige Enttäuschungen frei, ja, gesund zu werden? Es geht dann gewiss ein für alle Mal nicht mehr zu sagen: »Ich aber lebe jetzt so, wie mein Vater es gesagt hat, wie meine Mutter es gewollt hat. Ich bleibe weiter das kleine, große Kind meiner Eltern.« Die Krankheit der Entfremdung und Abhängigkeit hört überhaupt nur auf, wenn man begreift, dass Autoritätsgefolgschaft im Zustand von Unfreiheit und Unterdrückung identisch ist mit Verbanntsein, mit einem Leben in »Babylon«, inmitten von lauter »wilden Tieren«. Alle Menschen ringsum erscheinen da bedrohlich, gefährlich, verschlingend, und man selber ist immer wieder die Beute – schutzlos, verängstigt und ausgeliefert.

Das *Verwundete verbinden,* meint Ezechiel, sei die Aufgabe richtiger »Hirten«. Sollten wir uns denken, dass Eltern das könnten? Wie geht man zum Beispiel auf das Empfinden eines Kindes ein, das auf der Straße von anderen Kindern geschlagen wurde? Natürlich kann man reagieren wie die Mutter von Hilary Clinton, als das Mädchen eines Tages vom Spielplatz nach Hause kam und man es geschlagen hatte: »Raus, schlag sie wieder!« Eine solche Art von Erziehung heilt nicht Verwundete, sie erklärt lediglich: »Das kannst du auch, andere verwunden; also: bitte schön!« Verwundete heilen, bedeutet im psychischen Umgang miteinander, den Schmerz des anderen zu verstehen. Also müsste man sich im gegebenen Falle erzählen lassen, was eigentlich vorgefallen ist. Dann erst ließe sich daran so etwas wie seelische Reifung und Heilung lernen. Vielleicht war man wehrlos; aber das bedeutet noch lange nicht, dass man im Unrecht war. Vielleicht ist etwas vorgefallen, bei dem man den anderen nur gereizt hat, ohne es zu wollen und zu wissen; aber man kann daraus lernen, wie man sich beim nächsten Mal geschickter ausdrückt. Vielleicht hatte der andere auch nur bestimmte Gründe, einem weh zu tun, die mit einem selber gar nichts zu tun hatten. Einem *Kind* all das beizubringen, ist oft fast unmöglich. Es genügt indessen, dass die Mutter oder der Vater bei ihm bleiben und es sich damit weniger verängstigt und bedroht fühlt. In einer Psychotherapie freilich wird es nie anders gehen, als die

Verwundungen von früher alle noch einmal durchzusprechen und die alten Gefühle, die dazugehören, durchzuarbeiten. Denn erst, wenn sie bewusst werden und damit zugänglich einer neuerlichen Bearbeitung, lässt sich darunter ein eigenes Ich aufbauen mit neuen Stellungnahmen und einem neuen Wertgefühl. Dann wird deutlich werden, dass man das, was damals so verletzend war, nicht länger mehr verwechseln sollte mit der Gegenwart heute. So etwas wie damals wird sich vermutlich in der Gegenwart nicht mehr wiederholen. Und außerdem: Gerade an der »Verwundung« ist jemand womöglich überhaupt erst der Mensch geworden, der er heute ist, verletzbar vielleicht, aber eben deshalb in gewisser Weise vollkommen unfähig, irgendeinem anderen etwas vergleichbar Böses zuzufügen. Und das haben vielleicht inzwischen auch die anderen begriffen: Wer sollte einem Menschen, der es schon aufgrund eigener Verletzbarkeiten nur gut meint mit allen anderen, wirklich etwas Böses zufügen?

Im Bilde des Ezechiel wäre das soviel, wie ein Schäfchen zu streicheln, nicht mehr und nicht weniger; es hätte keine Angst mehr, es hätte keine Schmerzen mehr; es wäre seinem Leben und seinem Empfinden etwas von einem verlorenen Glück zurückgegeben.

Das Verirrte holen, das Verlorene suchen – das, wie gesagt, wird das ganze Programm des Jesus von Nazaret werden. Aber angewandt nun auf die Erziehung: Ein Kind macht etwas falsch, es ist weit abgeirrt. Welch eine Art von Pädagogik ist dann zu empfehlen? Etwa: Strafe muss sein? Gewiss, aus Schlägen lernt ein Kind Respekt, es merkt sich durch Strafen eindeutige Regeln der Verurteilung; mehr aber auch nicht; ein besserer Mensch wird es dabei nicht. Wie aber, wenn wir denken: Je weiter sich ein Kind von dem entfernt, was menschlich richtig ist, wird in seinem Herzen eine Verwirrung der Gefühle eingesetzt haben, artikuliert sich in seinem Verhalten womöglich eine Not, für die es keine Worte hat? Wie sucht man dann das »Verlorene«? Natürlich kann ein Vater rasch herumkrakeelen: »Du bist nicht mehr mein Sohn!« Und eine alte Frau mit fünfundsiebzig Jahren kann die Erbschaft für ihre Tochter streichen, die zu Weihnachten nicht zu Besuch gekommen ist. »Schluss ist!«, kann sie sagen; »du bist verloren, und jetzt geb ich dich verloren.« Es ist aber auch möglich zu überlegen: Was habe ich selber falsch gemacht, dass es so kam? Was ist passiert, dass ein anderer den Weg nicht mehr fand? Und wie suche ich ihn wieder? Und was wäre, wir fänden uns gemeinsam an einem Ort, den wir beide zuvor womöglich nicht gekannt haben, der andere nicht, weil er nie soweit fortgehen wollte und nur aus lauter Angst dahin gelangt ist; und ich selber nicht, weil ich solche Zonen der Verlorenheit gar nie für möglich gehalten habe? Nur in einer solchen Haltung wäre es möglich, »Autorität« therapeutisch einzusetzen; sie wäre die Quintessenz der Psychologie, angewandt zum Nutzen von Menschen, die für eine Weile, man kann es nicht anders sagen, wie Abhängige sind, aber doch allmählich dahin geführt werden, mündig zu sein.

Dasselbe müssen wir jetzt übertragen auf *die sakrale Autorität*: auf *die Kirche*. Wir erfahren bei Ezechiel, wie er sich einen Zustand in Staat und Kirche, *im Volk Israel* – in dem, was spätestens bei *Deuterojesaja* die *Gemeinde* Israel sein wird! –, vorzustellen beginnt, in dem wesentlich Gott selber die alleinige Autorität ist. Der ganze Inhalt des Neuen Bundes besteht im Grunde in nichts anderem, als dass es religiös zwischen Mensch und Gott keine vermittelnde Autorität mehr geben muss. Wohl gibt es noch die Gestalt des Messias, eines zweiten David, aber sie ist nur eine Übergangsgestalt. Selbst wenn ein solcher Messias käme, so wäre er überhaupt nur »König David«, weil er in sich durchsichtig geworden wäre auf Gott hin. Es ist keinesfalls sein Amt, das ihn vergöttlicht und zum Garanten der Nähe Gottes macht; denn so ist es allzu lang gewesen und ist allzu gründlich schief gegangen, dass man göttliche Beistandsgarantien an sakrosankte Ämter gebunden hat. Aber wenn überhaupt eine religiöse Autorität existiert, die das Licht freigibt, um Gott unmittelbar im eigenen Herzen zu sehen, dann hätten wir diese merkwürdige Zweiheit der Verheißung des Ezechiel: Gott, der sich in die Seele der Menschen schreibt, und zugleich die messianische Nachfolgegestalt »Davids«, des Königs, der zum wahren »Hirten« erkoren wird. Übertragen wir die Fülle der Vorwürfe des Ezechiel gegenüber den sakralen Autoritäten speziell nur einmal auf den Raum der römisch-katholischen Kirche, weht uns dann nicht die ganze Litanei der prophetischen Anklagen wie Herbstlaub vom Baum entgegen – der gesamte Negativkatalog dieser Hirtenrede?

Das Schwache stärken – wie sieht das aus im Schatten einer Moraltheologie, die nichts als Normen und Strafen zu verkünden weiß? *Hier* sind die Gebote, und wenn du schwach warst und hast gesündigt, so musst du es beichten, und wir, die Priester, kommen und geben dir die Vergebung …? Richtet man so Menschen auf oder unterdrückt man sie? Ist wirklich beides nebeneinander möglich: an Gott zu glauben und an die Priesterautorität? Im Sinne des Ezechiel überhaupt nicht!

Kranke heilen – wo denn im Raum dieser Kirche? Das Neurotische, das Kranke, gehört in ihren Reihen automatisch delegiert an die Mediziner oder Psychotherapeuten, während die sogenannte Seelsorge eine Angelegenheit von Magie und Aberglauben geworden ist: – heilige Wallfahrten, fromme Madonnenheiligtümer und im Hintergrund sehr viele Geldeinnahmen! – Nebenbei gesagt: Der Protestantismus in Deutschland ist unter diesen Umständen finanziell schon deshalb sehr viel ärmer als die römische Kirche, weil er über derartige Pfründe lukrativer Nebeneinnahmen aus göttlicher Gnade nicht verfügt – kein Kevelaer, kein Neviges, kein Lourdes, kein Fatima. Mein Gott, was lässt sich an Millionen von Pilgern jedes Jahr kassieren.

Verwundete verbinden – wann denn und wo denn? Wenn Sigmund Freud schon der römischen Kirche vorwarf, dass sie Krankheiten schaffe, statt zu heilen, indem sie Menschen mit Angst bis zum Neurotischen quäle und einen Überichgott predige statt Freiheit und Menschlichkeit, wie soll dann die römische Kirche darauf kommen, wie sie *Verwundete zu verbinden* vermöchte? Sie müsste ja als Erstes erkennen, dass diese »Verwundeten« oft genug ihre eigenen Opfer sind. Etwa Frauen in der Kirche! Die Sache scheint klar: Frauen als Priesterinnen – das steht nicht zu unserer Disposition. Oder: Eine Frau, die in ihrer Lage nicht weiter weiß, als einen Embryo, der an Trisomie 21 leidet, auf ärztlichen Rat hin abtreiben zu lassen, begeht einen Mord und wird mit der Tatstrafe der Exkommunikation belegt … *Verbindet* man so *Verwundete*?

Wir begreifen im Sinne des Ezechiel, dass man Gott nicht vertreten kann, indem man sich an Gottes Stelle setzt. Es gibt nur eine Art, den Neuen Bund der Verheißung zu leben, das ist: jeden Menschen für sich selber durchsichtig zu machen auf Gott hin und insbesondere diejenigen, die da Leitung und Führung beanspruchen, als zunehmend unwichtig, ja, als überflüssig erscheinen zu lassen. Damit Mündigkeit sei, müsste es als Bedingung des Zusammenlebens eine Grenzenlosigkeit der Güte geben. Eine »Gemeinde« Gottes hingegen, die Menschen ausschließt für das, was sie getan haben, hat nicht den Gott des Ezechiel im Sinn und auch nicht den »Vater« Jesu. Gott ist nicht gekommen, damit man in seinem Namen ausgrenzt, abschiebt, wegdrückt, sondern umgekehrt: damit man sich auf die Suche begibt nach dem Verlorenen.

Sollten wir noch den Mut finden, all das zu übertragen auch und gerade auf den Raum der *politischen Autoritäten?* Auch sie können Götzendiener sein. Ein Papst, der sich als Monarch des Vatikanstaates für den Stellvertreter Christi auf Erden erklärt, ist im Grunde bereits ein Götzendiener seines eigenen Wahns, und jeder kann das erkennen. Aber »Götzendiener« unter den Politikern? Das ist, muss man sagen, viel schwerer erkennbar, denn es ist das ganz Normale!

Wann und wie eigentlich glaubt ein Politiker an Gott? Diese Frage müsste man mit einer Pause versehen, so lang, dass sie durch Äonen geht. Denn die gewöhnliche Antwort, das begreifen wir, gilt hier nicht länger: »Dieser Politiker glaubt an Gott, denn er ist Mitglied der evangelischen Kirche oder der katholischen Kirche.« Da sieht man etwa des Sonntags die Präsidenten von Amerika mit dem Gesangbuch gerade aus der Kirche kommen, wenn die Fernsehreporter da sind. Es ist rührend! Staatsmänner bei irgendwelchen Trauerfeierlichkeiten im Verein mit den Kardinälen – das wird man sehen! Natürlich glauben sie alle an Gott. Selbst in Moskau wurden die Mächtigen wieder fromm. Worum es bei solchen Feststellungen geht, ist nicht der Versuch, einer einzelnen Person als Politiker subjektiv Glauben und Frömmigkeit abzusprechen – wer könnte, wer dürfte das tun? Doch worum es hier geht, ist die Publikumswirksamkeit religiöser Gesten und damit die Verführung zur Heuchelei. Wie ist das, wenn Ezechiel hier der herrschenden Klasse »Hurerei« und »Abgötterei« vorwirft und darin die Katastrophe seiner Zeit begründet sieht?

Wir leben in einer Kultur, in der es um Gott überhaupt nicht mehr geht. »Gott« ist eine Verwaltungsgröße der Konfessionen geworden. Es ist fast ungerecht, dem *Staat* vorzuwerfen, dass er in »Gott« kaum etwas anderes sieht als den Titel für das Einzugsverfahren der Kirchensteuer in Deutschland. Man hat es bei »Gott« mit nichts anderem zu tun als mit einem bürokratischen Begriff, mit nichts, was substantiell auf Sein oder Nichtsein das Leben beträfe und ändern könnte. Da das so ist, brauchen wir schon einen Hindu, der uns im Erbe des 20. Jahrhunderts sagen könnte, was Gott und Politik miteinander zu schaffen haben, nicht im Sinne einer Herrschaftsideologie, sondern im Sinne einer klaren Option von Menschlichkeit. Niemand nämlich unter den Führern im Raum »abendländischer« Politik im vergangenen 20. Jahrhundert, das Albert Camus das Jahrhundert der Angst genannt hat, kommt da in Frage, wohl aber der Inder Mahatma Gandhi. Er war der einzige, der dachte, man könne Menschen nur führen, wenn man Gott im Herzen trage; und augenblicklich ergaben sich für ihn daraus ein paar wichtige Evidenzen, über die in seinem Sinne gar nicht erst zu diskutieren war: das waren die Freiheit und die Gleichberechtigung aller Menschen jenseits der Rassenzugehörigkeit oder der Klassenzugehörigkeit. Inder in Südafrika etwa sind natürlich Menschen; wenn die Polizei das auf Grund ihrer Vorschriften bestreitet, soll sie doch den Pass einziehen; es wird nichts daran ändern, dass ein Inder ein Mensch ist wie jeder andere Südafrikaner auch. Gandhi war in Südafrika schon ernsthaft dabei zu erwarten, dass seine farbigen Mitschwestern und -brüder ihre Pässe freiwillig abgäben, nur um ein System *ad absurdum* zu führen, das die Weißen für die besseren, für die eigentlichen Menschen erklärte. Eine Bürokratie, die mit Menschen so umgeht, kann nicht die unsere sein, dachte Gandhi. Wir boykottieren einfach einen solchen Verwaltungsapparat. Denn in ihm sind wir ja gar keine Rechtssubjekte. Wenn die Weißen sich so fühlen, dass nur sie Anspruch auf Gleichberechtigung haben, nun gut, dann sind die Farbigen eben rechtlos. Das war die Methode Mahatma Gandhis: – das Unrecht des anderen bis zu dem Punkt zu akzeptieren, dass es politisch wirksam wurde, und dann voller Stolz und Selbstbewusstsein im Widerspruch zu dem herrschenden System zu verkünden, was Menschen sind, die sich von Gott her verstehen. Gewalt gegen Menschen war für Gandhi nichts anderes als Barbarei, Krieg erschien ihm als etwas Unmögliches, als etwas schlechterdings Auszuschließendes! Können wir uns in Europa in diesem gottverdammten zurückliegenden 20. Jahrhundert, das bei jedem Krieg die Kirche zur Seite hatte, einen Mann auch nur vorstellen, der so gedacht und gesprochen hätte wie Mahatma Gandhi? Gandhi vermied beim Staatsempfang jedwede militärische »Ehre«. Ins Parlament ging er eher barfuß als mit Schlips und Kragen, und seine Reden waren Worte des Friedens: keine Gewalt, keine militärische Rüstung! Daran müsste man messen, was es hieße, Hirten für ein Volk zu bestellen im Sinne Gottes: – Verlorenes zu suchen, Krankes zu heilen!

Wer weidet mein Volk? Ich kann diese Frage hier am Ende nicht beantworten. Und doch spürt man die ganze Not eines Ezechiel, der nicht länger will, dass man *die Popanze* in Jerusalem weitermachen lässt, freilich auch nicht, dass man Nebukadnezar in Babylon weitermachen lässt. Zur Zeit des Ezechiel war Babylon die Großmacht. Selbst Ägypten ab 601 war aufgerollt wie ein Teppich für die Weltmacht Babylon, für Nebukadnezar. Auch damit muss und wird einmal Schluss sein! Vielleicht gibt es überhaupt keine Weltenführer mehr, sondern die Völker beginnen, sich selber zu führen! Und nicht die Globalisierung der Macht, sondern die Universalität der Menschlichkeit wäre die Zukunft!

Einer werde des anderen Hüter

Wahr, ja wahr ist's, ich sage euch: Wer nicht durchs Tor in die Hürde der Schafe hereinkommt – sondern sonst woher darübersteigt – der ist ein Dieb und Räuber. Wer durchs Tor hereinkommt, der ist Hirt der Schafe. Dem öffnet der Torwächter. Und die Schafe hören auf seine Stimme. Und er ruft seine Schafe Namen um Namen, und führt sie hinaus. Wenn er die seinen alle hinausgetrieben, geht er vor ihnen her. Und die Schafe folgen ihm: denn sie kennen seine Stimme. Einem Fremden aber werden sie nimmermehr folgen, sondern sie fliehen vor ihm, da sie des Fremden Stimme nicht kennen. Diese Hüllrede sprach Jesus zu ihnen. Sie aber erkannten nicht, was es war, das er ihnen sagen wollte.

Jesus sprach nun abermals zu ihnen: Wahr, ja wahr ist's, ich sage euch: Ich bin das Tor zu den Schafen. Alle, die vor mir gekommen, sind Diebe und Räuber. Aber die Schafe hörten nicht auf sie. Ich bin das Tor! Geht einer durch mich hinein, so wird er gerettet. Und er geht ein und aus und findet Weide. Der Dieb kommt zu nichts als zum Stehlen, zum Schlachten und Zugrunderichten. Ich bin gekommen, dass sie Leben haben – ja es haben überreich.

Ich bin der gute Hirt. Der gute Hirt setzt sein Leben ein für seine Schafe. Der Lohnknecht – der ja kein Hirt ist, dem die Schafe zu eigen gehören – schaut, wie der Wolf kommt, verlässt die Schafe und flüchtet. Und der Wolf raubt und versprengt sie. Denn, wer Lohnknecht ist, kümmert sich nicht um die Schafe. Ich bin der gute Hirt. Und ich kenne die Meinen, und die Meinen kennen mich – so wie mich der Vater kennt, und ich den Vater kenne. Und mein Leben setze ich ein für die Schafe. Noch andere Schafe habe ich, die nicht aus dieser Hürde sind. Auch die muss ich führen, dass meine Stimme sie hören, und eine Herde werde – ein Hirt.

Darum liebt mich der Vater: dass ich mein Leben einsetze, damit ich es abermals nehme. Keiner entreißt es mir, sondern selber – von mir aus – setze ich es ein. Ich habe Vollmacht, es einzusetzen; und ich habe Vollmacht, es wieder zu nehmen. Diese Weisung empfing ich von meinem Vater. Joh 10,1–18

Wer in der Antike vom guten Hirten reden hörte, dachte an den einen Führer des Volkes, den König und seine Macht. Er war es, der den Stab in Händen hielt, die Gemeinschaft all seiner Untertanen zu leiten und zu lenken. Sie galten für nichts ohne ihn. Er war ihr Kopf, ihre Mitte, ihr Herz, so dass kein Befehl etwas galt, er kam denn vom König, und dass kein Wort heilig war, es kam denn von dem Mächtigen. Es muss Jahrhunderte und Jahrtausende gedauert haben, dass man im Schatten der erhobenen Hand der Regierenden sich beugte und im Gehorsam zu ihnen Frieden, Gerechtigkeit und so etwas wie ein selbstverständliches Glück erfuhr.

Es ist ein unerhörter Wendepunkt gewesen, dass ein kleines Volk ehemaliger Nomaden, eingedrungen ins Deltagebiet des Nils, sich nach Jahrhunderten der Unterdrückung auf sein Vätererbe besinnt und bei Nacht aufbricht in seine Freiheit. Mit einem klaren Nein und einem heftigen Protest dichtet Israel in den Gebeten und Liedern seiner Psalmen:

Der Herr ist mein Hirte.
Nichts wird mir fehlen.
Er weidet mich auf grüner Au.
Und müsst' ich auch gehen durch Todschattenschlucht,
so fürcht' ich kein Unheil,
denn du bist bei mir.

Einzig von Gott sollten Menschen so sprechen dürfen, und kein Mensch sollte wagen, Gott im Lichte zu stehen mit der Vermessenheit seiner Weisungen oder der Unweisheit seines Dünkels. Die Aussage über Gott springt selber über zur Anrede an Gott, denn Gott ist nichts, wovon man sprechen könnte, kein Gegenstand, kein Etwas. Er ist immer Gegenüber für Israel, die ewige, stets gegenwärtige, begleitende Person. Unter ihr formt sich alles, vor allem der Atem der Freiheit und die Größe der menschlichen Berufung.

Das Christentum versucht mit dem Text des Johannesevangeliums zu beschreiben, was Menschen mit Jesus von Nazaret erlebt haben – andere Erfahrungen, die dennoch nichts von dem wegnehmen sollen, was in Israel galt. Im Gegenteil. Alles, was Jesus wollte, war, dass Menschen wieder unmittelbar zu Gott hinfinden sollten als zu ihrem Vater, als zu ihrem Schutz, als zu dem Ort ihres Vertrauens, ihrer Liebe und ihrer Zuversicht. Offensichtlich brauchen wir Menschen, die uns diesen Weg eröffnen gegen ein riesiges Lastgewicht der Unmenschlichkeit.

Wenn wir diesen Text hören, in dem die Rede ist vom Torwächter oder Türhüter, fällt uns, am Anfang des 21. Jahrhunderts, unweigerlich eine der grausamsten, antimärchenhaften Dichtungen unserer Zeit ein, Kafkas Roman *Der Prozess,* dem die Erzählung »Vor dem Gesetz« entstammt. Vor dem Gesetz steht ein Türhüter. – Es ist eine Gleichniserzählung, die beschreibt, wie Menschen im Bannkreis der Angst daran gehindert werden, Zugang zu finden zu der

Berechtigung ihres eigenen Lebens. Ständig nötigt man sie im Namen bestimmter Anweisungen, irgend etwas zu tun, was sie selber nicht meint und was sie persönlich kaum verstehen. Sie können machen, was sie wollen, sie sind immer falsch, ständig draußen, immer unberechtigt. Denn immer steht vor ihrem Leben ein anderer, der es anders weiß, besser weiß, richtiger weiß, eine Tatarenfratze. – Wie alt muss man werden, um diesen Spuk zu beenden? Kafka meint: Man wird darüber sterben, solange die Angst mächtig ist im Menschen. Man wird am Ende hören, dass man an der richtigen Tür geklopft hat – aber wie findet man den Eingang? Es ist eine Frage auf Leben und Tod.

Jesus wollte, dass wir Zugang hätten zu unserem Leben unter den Händen und den Augen Gottes. Wenn er vom Türhüter spricht, meint er keine fremde Zollstätte, die man unter den Blicken irgendwelcher Fremdbeamteter passieren müsste, sondern unser eigenes Herz hätte ein so sensibles Organ, zu wissen, wann man die Tür des Herzens weit aufschließen darf und wann nicht, und das sei das wirkliche Kriterium im Umgang mit Menschen, grade wenn von Gott die Rede ist. An dieser Stelle zeigt sich, was wirklich passiert und wie es gemeint ist. Wenn sich die Tür des Herzens wie zwanglos, wie von allein öffnet, ähnlich den Blättern einer Blume im Morgenlicht, dann kann man sicher sein, dass hier Gott am Werke ist. Wenn irgend es Schleichwege und Umwege braucht, wenn mit Brachialgewalt eingedrungen werden soll, dann kann man sicher sein, im Namen welcher feierlichen Begriffe auch immer, dass hier nichts, aber auch gar nichts von Gott geschieht.

Es ist die Frage, was man am Ende will. All die Herrscher der Völker möchten große Menschengruppen organisieren, verwalten und leiten. Immer haben sie die Verantwortung für das Ganze, stets ist es ihnen um *alle* zu tun. Es ist genau das Gegenteil von dem, was mit Israels Glauben an Gott begann und was sich in der Person Jesu fortsetzt: Es soll um jeden Einzelnen gehen, um *seinen Namen*, denn es gibt ihn nur ein einziges Mal, auf der ganzen Welt nur ein einziges Mal, und Gott möchte, dass dieser Name sich ausspricht in seinem Munde.

Das Johannesevangelium verdichtet hier mit ein paar lapidaren Worten, was sich in den anderen Evangelien, vor allem in den Wundererzählungen, breit ausfaltet. Menschen sind oft so, dass sie gar nicht zu sagen wissen, wie sie heißen und wer sie sind. So sehr hat man ihr eigenes Bewusstsein, ihr Gefühl für sich selber und das Bestimmungsvermögen in den Belangen des eigenen Lebens zerstört. Wie oft war es, dass Jesus Menschen seine Hände auflegte und es in ihrem Kopf und in ihrem Herzen sich zu regen begann, wie wenn ein ganzer Spuk von bösen Geistern ins Weite getrieben würde, und dass Menschen sich selber zurückgegeben werden konnten. Wie viele Wege muss man mit Menschen gehen, ehe sie nach Hause finden?

Einzig diese Begleitung eines jeden Menschen dorthin, wo er zu Hause ist, verstand Jesus unter seinem Hirtenamt. Es geht um eine solche Wechselseitigkeit des Vertrauens. Jeder Mensch weiß im Grunde, ob der andere ihn meint oder ihn benutzen will, ob es dabei um sein Leben geht oder ob er verwendet werden soll als Figur in irgendeinem Spiel für irgend etwas, um Macht, Geltung, Ansehen. Man kann Menschen eigentlich nicht führen, in dem man sie an die Hand nimmt, wie wenn man sie schubsen, drangsalieren, korrigieren, zurechtstauchen müsste. Man kann Menschen nur führen, indem man ihr Innerstes wachruft und etwas längst Bekanntes, wenngleich tief Verborgenes so zur Sprache bringt, dass sie sich darin wiedererkennen. Ein solcher Hirte kommt niemals von fern, ist niemals wesensfremd, sondern spricht in Ureigenstes. Das ist, was Israel wollte, wenn es zu seinem Kerngebot machte: Du sollst keine fremden Götter verehren. Nichts, was nicht dein Herz betritt wie etwas längst Vertrautes, kommt von Gott zu dir. So bei Gott selber, so unter den Menschen. Einzig so wahrt sich die Menschlichkeit der Freiheit. Es ist ein Dialog des Vertrauens und der Liebe, den das Johannesevangelium beschreibt, und die ganze Art Jesu steht dafür als Inbegriff.

Man kommt nicht umhin, zu verstehen, warum die Jünger all diese Bildreden nicht begreifen. Es scheint schon zur Zeit des ausgehenden 1. Jahrhunderts nach Christus, zur Zeit der Kirche des Johannes, die Frage zu sein, wie man denn mit Berufung auf Jesus Menschen führen könne. In alle Zukunft wird Jesus der Maßstab für das sein, was wir miteinander machen, auch für das, was wir in der Kirche mit uns machen lassen. Ein Hirtenstab lässt sich so oder so benutzen, nach dem Modell der alten Pharaonen und der gottgleichen Machthaber oder in der Weise des Hirtenstabs Jesu. Es bleibt bis in die letzten Worte Jesu hinein die entscheidende Alternative gegenüber seinen Jüngern: »Ihr wisst, dass die scheinbar Mächtigen sich Wohltäter nennen, aber sie Willküren herunter auf ihre Untertanen. Bei euch soll das nicht so sein, sondern wer unter euch groß sein will, der sei aller Letzter und aller Diener.« Darum kann Jesus hier sagen: »Ich bin die Tür.« Anders als auf seine, auf diese Art wird man zu Menschen nie Zugang finden. Man kann menschliche Gruppierungen mit Gewalt vermehren, man kann Steuern eintreiben, man kann den Apparat der Verwaltung hochzüchten, aber Menschen begegnen nach der Weise Jesu vermag man nur durch Anruf des Namens des anderen, indem man ausspricht, wer er ist, was in ihm lebt und, noch viel mehr, was in ihm leben möchte.

Zur Mitte der Welt finden

Wo wohnt Gott?

Fragt man die verschiedenen Religionen, so geben sie sehr unterschiedliche Antworten.

»Gott wohnt in der Schönheit aller Dinge und Lebewesen der Natur ringsum«, antworten die Hindus.

»Gott wohnt in der Tiefe deines Herzens, wenn du dich darein versenkst bis zu dem Ort, wo die Fluten deines Herzens sich beruhigen und alles durchsichtig wird bis zum Grund«, antworten die Buddhisten.

»Gott ist jenseits der Höhe des Firmaments, das die ganze Erde einhüllt und mit seiner stählern blauen Kuppel uns unendlich überragt«, antworten die Moslems.

»Gott ist unser Begleiter und unser Ziel auf dem Weg zu einer gemeinsamen Menschlichkeit, zu einer Weltbrüderschaft aller Völker und aller Menschen als Teilen eines Volkes«, antworten die Juden.

Wir Christen meinen und sagen dies alles auch, und dennoch fügen wir eine sonderbare, zentrale Erfahrung hinzu: Nur wenn wir einem anderen Menschen begegnen, in dessen Gegenüber wir selbst unser eigenes Wesen finden, finden wir auch zu Gott. So haben wir's gelernt in der Nähe Jesu, dem wir Gott glauben können als seinen und unseren Vater. Nur in der Nähe eines Menschen, in dessen Umkreis ein Vertrauen wächst, das sich nicht mehr erschüttern lässt durch Zweifel und Angst, gelten uns all die anderen Antworten der Religionen. Ohne solche Erfahrung blieben die Dinge der Welt ringsum leer und fremd und nähmen die zersetzten Teile unserer eigenen Seele in sich auf, verselbstständigt und chaotisch. Nur in der Nähe der Liebe erhält die Welt eine eigentümliche Poesie und wird durchflutet von einem unendlichen Gesang. Ohne eine solche Erfahrung wäre unser eigenes Herz wie ein aufgepeitschtes, ruheloses Meer, ein ständiges Wogen, ein undurchdringlicher Abgrund. Nur in der Liebe beruhigt sich unser Herz und klärt sich selber und wird zum Spiegel, der Gottes Antlitz trägt. Ohne die Erfahrung eines Menschen an unserer Seite, dem wir ganz und gar vertrauen können, wären Gott und der Himmel unendlich fern von uns, und seine schweigenden Räume würden mehr erschrecken als trösten. Aber wo immer ein Mensch uns nahe ist in der Liebe, kommt der Himmel auf die Erde und ist wie zum Greifen dicht bei uns. Und nur die Liebe lehrt, den Menschen zu vertrauen bis ins Grenzenlose und sich auf den Weg zu machen zu einem gemeinsamen Ziel, ohne Trennung, ohne Feindschaft.

Diese Möglichkeit hat Christus uns im Bild vom guten Hirten gezeigt: dass das, was er begonnen hat, sich in uns fortsetze und wir einer des anderen Hüter würden, Weggefährte und Begleiter. Es ist die wunderbare Fähigkeit, die Christus als seine Art der Hirtenschaft hinstellt: ein jedes aus seiner Herde rufen zu können bei seinem Namen. Denn ein jedes kennt er, und so hört es seine Stimme, und es kennt ihn, den Leiter und Begleiter seines Lebens. Etwas Schöneres wird man über den Umgang von Menschen miteinander nicht sagen können, als dass es gelingt, den anderen bei dem Wort zu rufen, das in ihm lebt seit Ewigkeit. Kein Mensch kommt auf diese Welt, es hätte denn zuvor Gott etwas an sich Unaussprechliches mit dem Atemwind der Ewigkeit über den Staub geflüstert. Unsere Ohren aber sind, vermöge der Liebe, imstande, dieses leise Wort zu hören. Unsere Augen, geöffnet von der Liebe, sind imstande, die geheime Gestalt wahrzunehmen, die dieses Wort ins Dasein rief. Und unser Mund ist fähig, es auszusprechen voller Zärtlichkeit. Wo immer dies so geschieht, antwortet in unserem Herzen alles, und die ganze Welt gewinnt ihre Einheit, und unser ganzes Wesen ist offen für Gott.

So muss es in der Religionsgeschichte wohl gewesen sein, dass die frühe Kirche das Bild vom guten Hirten nicht eigentlich erfunden, sondern vielmehr von der Sonnenreligion des Mithras-Kultes auf Christus übertragen hat, wie um zu sagen: Ganz so stimmt es, so haben wir's gelernt. Wenn wir einander begleiten auf dem Weg des Lebens und dabei zugleich in die Fußstapfen Jesu treten, vermögen wir einander alle Wärme und alles Licht der Sonne zu schenken, denn unser Herz wird hell. Wir dürfen leben, was Christus in der Bergpredigt uns ans Herz legte: Wenn deine Schwester, wenn dein Bruder dich bittet, du mögest mit ihm eine Meile Weges gehen, geh zwei mit ihm. Und Christus meinte wohl, dass wir aus lauter Scheu und Scham uns selten trauen, zu sagen, wieviel wir brauchen und was wir nötig haben, und doch wären wir imstande, tiefer zu vernehmen und sogar noch jenseits der ausgesprochenen Wünsche das Unausgesprochene mit zu empfinden und zu tun. Denn wir sind imstande, einander grenzenlos Weggefährte zu sein. Unendlich ist unsere Berufung und grenzenlos die Weite der Welt. Sie grenzt im Horizont an die Ewigkeit.

Man mag sagen: Was vermögen wir Menschen schon? Ein winziger Anhauch des Todes, und es gibt uns nicht mehr. Welche wesentliche Gefährdung des Lebens können wir ändern?

Dies können wir Menschen hier auf Erden füreinander: Wir sind zwar nicht der Grund der Zuversicht, aber mit dem Vertrauen, das wir schenken, mit der Liebe, die in uns wohnt, können wir im Herzen eines anderen Menschen so viel von dem Vertrauen und der Liebe, die Gott hineingelegt hat, wecken, wachrufen und wachsen lassen, dass es durch keine Macht der Welt mehr totzukriegen ist. Denn in uns lebt ein ewiges Leben. Und Christus hat recht: Es wird keinen Augenblick mehr geben, nicht einmal den Tod, nicht einmal den Zusammenbruch der irdischen Existenz, in dem wir uns verlassen fühlen müssen. Gott wird immer bei uns sein, und wo immer wir einander begleiten, machen wir eine Gewissheit fühlbar, erlebbar, die im Glauben hinweist auf den Urgrund unserer ganzen Existenz.

Es bleibt die Frage, wieweit das Bild des guten Hirten für unseren Umgang miteinander stimmt. Es steht im Johannesevangelium zwischen zwei Möglichkeiten: dem bitteren Wort des Propheten Ezechiel über die Hirten Israels »Meine Herde weidet der Wind« und dem Zynismus der antiken Herrscher Roms, die sich gleichermaßen gute Hirten nennen ließen. Die einen walteten mit Gleichgültigkeit, und die anderen verwalteten mit Gewalt. Ständig stehen wir in der Gefahr, unseren Umgang im Pendelschlag so zu pflegen: entweder dem anderen Vorschriften tyrannischer Art zu machen oder uns von ihm abzuwenden und ihn für keiner weiteren Beachtung würdig zu erklären. Aber dies, wie wir hinfinden zur Mitte des Herzens eines anderen Menschen und damit zur Mitte der Welt, zum Herzen Gottes, ist die ganze Kunst unseres Lebens.

Wenn man uns eines Tages fragen wird, was es war mit unserem Dasein, was wir getan haben und wofür wir gewesen sind, werden wir gewiss aufzählen müssen, wo wir versagt haben aus Schwäche, Feigheit, Unwissenheit, Bequemlichkeit und wohinter wir zurückgeblieben sind. Wir werden aber hoffentlich auch antworten können, dass wir uns bemüht haben, mindestens doch bemüht haben, für die Menschen, die an unserer Seite waren, etwas von der Gestalt des guten Hirten zu leben. Denn wir alle sind Schwestern und Brüder unter der Hand des ewigen, göttlichen Hirten, der uns vorangeht und dem wir folgen in jedem Werk geschwisterlicher Liebe.

Petrus, Thomas und Paulus
Wege zum Glauben

Petrus oder: Wenn Gott uns fragt

Als sie nun Mahl gehalten, sagt Jesus zu Simon Petrus: Simon, Sohn des Johannes, liebst du mich mehr als diese? Sagt er zu ihm: Ja, Herr! Du weißt, dass ich dir Freund bin. Sagt er zu ihm: Hüte meine Lämmer! Abermals sagt er zu ihm, das zweite Mal: Simon, Sohn des Johannes, liebst du mich? Sagt er zu ihm: Ja, Herr! Du weißt, dass ich dir Freund bin. Sagt er zu ihm: Weide meine Schafe! Sagt er zu ihm das dritte Mal: Simon, Sohn des Johannes, bist du mir Freund? Betrübt ward Petrus, dass er zum dritten Mal zu ihm gesprochen hatte: Bist du mir Freund? Da sagt er zu ihm: Herr, alles weißt du. Du erkennst doch, dass ich dir Freund bin. Sagt Jesus zu ihm: Hüte meine Schafe! Wahr, ja wahr ist's, ich sage dir: Als du jünger warst, hast du dich selbst gegürtet und gingst den Weg, wohin du wolltest. Doch wenn du alt geworden bist, wirst du deine Hände ausstrecken und ein anderer wird dich gürten und führen, wohin du nicht willst. Joh 21,15–18

Wenn wir auf unser Leben, soweit es sich uns bis heute darbietet, zurückblicken und uns fragen, was wir getan haben und worin der Sinn von dem lag, was wir gewesen und geworden sind, werden wir vermutlich herausfinden, dass es bestimmte Knotenpunkte unserer eigenen Entwicklung gibt, an denen sich verdichtet, worauf es wirklich ankommt. Solche Knoten- und Verdichtungsstellen sind fast immer diejenigen Augenblicke, in denen wir uns am meisten in Frage gestellt fühlten, und es zeigt sich, dass jeder Reifungsschritt identisch ist mit geheimen Fragen an unser Wesen, an uns als Personen. Grade so wird man dieses Gespräch zwischen Jesus und Petrus verstehen müssen. Es sind Stationen einer Kette von Fragen, die nicht in einem einzelnen Augenblick, sondern entlang den Stufen des ganzen Lebens an uns gerichtet werden, stellvertretend in der Gestalt des Petrus. Der Inhalt aller Fragen läuft im Grunde auf ein Einziges hinaus: Es ist die Frage nach der Fähigkeit und der Art unserer Liebe. Immer wenn Gott uns fragt, sind es beunruhigende, nie endgültig zu beantwortende Fragen, die sich bei Tag und bei Nacht unabweisbar aufdrängen mögen. In der Jugend mag es uns noch scheinen, als wenn wir relativ klar und selbstbewusst auf derartige Infragestellungen zu antworten vermöchten. Wir glauben uns zu kennen, wir sind uns relativ zuverlässig, und die eigene Erziehung und unser Weltbild belehren uns dahin, dass es geradezu der Ausweis eines rechten Mannes, einer rechten Frau sei, über sich selber und die eigenen Absichten bündig und schlüssig Auskunft geben zu können. So tut es Petrus hier: »Du weißt, Herr, dass ich dich liebe.« Und er selber glaubt es auch zu wissen. Da ist zwischen Aussage und Person kein Raum für Zweifel, Angst und Unsicherheit.

Natürlich lässt sich nicht überhören, dass es im Grunde bei diesen Fragen Gottes an unser Leben an dieser Stelle auch um so etwas geht wie die Begründung der Kirche. Das Gespräch am Ufer des Sees Gennesaret findet nach Tod und Auferstehung Jesu statt, am ursprünglichen Schauplatz des Wirkens und Redens Jesu. Es ist gewissermaßen eine späte, verborgene, schwebend visionäre Sprache, auf welche sich die Kirche gründet. Aber dann ist es mehr als erstaunlich, es ist eine Umwälzung all dessen, was wir sonst kennen, wenn wir zur Grundfrage, zur Legitimation von allem, was sich Kirche und Leitung in der Kirche nennt, diese *Frage* hören: »Liebst du mich?« Jede menschliche Gruppierung sonst gründet sich auf die Stärke ihrer Führer. Derjenige steht in ihr an der Spitze, der durch den Einfluss seiner Macht am überzeugendsten möglichst große Menschengruppen unter dem Befehl seiner Herrschaft vereinigt. Kraftvolle, durchsetzungsfähige, machtbewusste, klug planende und zielvoll handelnde Persönlichkeiten gestalten die Weltgeschichte. Sie sind der Ausweis für Tüchtigkeit und Erfolg. So geht es zu in jedem Staat, in jeder Interessengruppe, in jeder Jugendbande an der Straßenecke. Jesus soll in einer geistigen Schau seiner Gestalt am Morgen im Aufdämmern der Sonne am Ufer des Sees Gennesaret gesagt haben, in seiner Kirche dürfe nur derjenige sich als Leiter verstehen, der sich durch Liebe auszeichne; sie sei das einzige, was in seinem, des Christus, Sinne legitimerweise Macht haben dürfe über Menschen. Es ist eine Sprache, in der sich alles umkehrt, was in den Begriffen sonst lebendig ist.

»Liebst du mich mehr als diese?« – Das ist eine Frage im Umfeld von Konkurrenz und Vergleich. Man kann sonst nach bestimmten Maßstäben festlegen, wer besser ist, mächtiger im Sinn der äußeren Verfügungen erscheint. Wenn Jesus in solchem Komparativ nach der Liebe fragt, mutet es aberwitzig an. Kann jemand sagen: »Ich liebe« – und hinzufügen: »mehr als ein anderer«? Bringt es nicht förmlich die Liebe in ihrem Wesen gegen sich selber auf, Maßstab von Vergleich und Konkurrenzkampf zu werden? Es ist, wie wenn Jesus das gesamte Denkgefüge, die Voraussetzungen, die wir uns normalerweise geben, in der Art seiner Frage aufgreifen wollte, nur um sie zu überwinden. Es geht am Ende nicht darum, ob Petrus *mehr* liebt, es geht darum, ob er überhaupt versteht, was Liebe ist.

Unsere deutsche Sprache ist fast armselig in dem, was im menschlichen Leben das Wichtigste ist. Wir haben für das gesamte Spektrum unserer menschlichen Gefühle nur dieses eine, armselige Wort: »Liebe«. Wir können es noch ein bisschen differenzieren, und dazwischen liegt oft die ganze Spannweite zwischen Himmel und Hölle in der Begegnung unter Menschen: »Ich habe dich lieb – ich liebe dich.« In der Sprache des Neuen Testaments, dem Griechischen, wird unterschieden zwischen der »agape«, der christlichen Liebe des Umgangs miteinander, und der »philia«, der freundschaftlichen Liebe von Person zu Person. Wonach Jesus zunächst fragt, ist diese Liebe des rechten Umgangs, lateinisch »caritas«. Es wäre schon viel, könnten wir eine Art Sensibilität finden, mit der wir einander nicht wehtun und einander helfen, zu sein und zu werden, was wir sind. Nach ihr fragt Jesus seinen Jünger zweimal. Und der antwortet mit der Freundschaftsliebe. Es ist, als wenn er sagen wollte: »Herr, ich habe keine Garantie dafür, dass ich alles richtig mache, aber ich bin mir meiner Gefühle doch bewusst, und ich möchte sagen dürfen: Du selber schaust in mein Herz, und du weißt, dass ich dir auf das herzlichste zugetan bin, dass ich dein Freund bin und sein möchte.« Für viele Jahrzehnte unseres Lebens wird diese Antwort gültig sein. Es ist viel wert, wenn wir uns unsere Motive selber glauben können. Was dann im Äußeren an Irrtum und Fehlern, mitunter sogar an Vergehen und Schuld über unser Leben kommen mag – es gibt doch einen unzerstörbaren Kern, wenn wir sagen können: »All das geschah aus einem Antrieb der Liebe, wir meinten es gut.« Es geht bis an die Grenze des Furchtbaren, wenn Jesus im dritten Anlauf an den altgewordenen, an den reifer gewordenen, an den in Erkenntnis um sich selbst gewachsenen Petrus die Frage richtet, die auch dieses Wissen von Freundschaft noch in Frage stellt. Jetzt gebraucht Jesus selber das Wort: »Bist du mir Freund?« – Liebst du mich wirklich – im Sinne der persönlichen Zuneigung?

Es ist, als würde Petrus an dieser Stelle alles genommen, und mir will scheinen, dass dieses Fragen aus dem Munde Gottes, dieses reifende Unsicherwerden an der eigenen unerschütterlichen Festigkeit im Sinne dieses Evangeliums jenes Maß an Vorsicht, Güte, Weisheit und Verstehen im Umgang mit anderen Menschen förmlich zur Voraussetzung hat, so dass man erst von daher im Sinne Jesu sagen könnte, was ein Leiter in der Kirche ist und sein sollte. Mögen im Raum der Politik die selbstgewissen Charaktere die Oberhand haben, in der Kirche Christi sollten es die Vorsichtigen, die Behutsamen, die Geduldigen sein. Es ist mit Bezug auf dieses Evangelium die Frage, was wir überhaupt wollen und was wir aus der Botschaft Jesu gemacht haben. Mit Berufung auf die Stellvertreterschaft des Petrus wurde schon im elften Jahrhundert unter Papst Gregor VII. das Stellvertretertum Christi auf Erden mit dem absoluten Anspruch auf Wahrheit verbunden, und wenig später konnte Papst Innozenz III. die Macht Roms in Worte kleiden: Ein Kleriker hat dem Papst zu gehorchen, selbst wenn dieser Böses befiehlt, denn niemand ist Herr über den Papst. Da ist zwischen Macht und Wahrheit überhaupt kein Unterschied mehr. Da setzt sich die Macht selber unverhüllt als die Wahrheit. Da wird der Zentralismus der Machtperson Grundlage und Quelle jedes denkbaren Rechtes. Da ist der Führer der oberste Gerichtsherr. So konnten die römischen Cäsaren denken, und so ist es selbst in die Kirche Roms eingedrungen; aber wie fern ist das von der sanften Lenkung von Menschen einzig durch die Zauberkraft der Liebe! Wie Jesus sie dachte, sagt er im Johannesevangelium: »Ich kenne die Meinen bei ihrem Namen.« Es ist, dass man das Wesen von Menschen in der Kraft der Liebe so kennenlernt und anzuerkennen und zu schätzen imstande ist, dass keine Lenkung von außen mehr, kein Druck mit Befehl und Gehorsamszwang Menschen einordnen muss, sondern dass, wer lange genug zugehört hat, ausspricht, was im Herzen der Menschen lebt. Dann folgen sie nicht einem Fremden, sondern sich selbst, und so zu sein wäre Kirche.

Solange wir jung sind, gilt es, zu handeln, uns durchzusetzen, aktiv zu gestalten. Je reifer wir werden in Sachen Christi, desto leiser – fast unhörbar – werden seine Fragen, desto sensibler wird unser Leben, und es beginnt ein Gehorsam von innen. Dieses Schwebende ist eine Art, zu lenken, wie die Sonne lenkt, wenn sie die Blumen, die Blätter, die Bäume, die Augen der Menschen durchflutet. Sie ist mächtiger als jede Kraft der Erde, sie richtet auf, sie hebt zum Licht, sie öffnet in ihrer Wärme, und diese Energie ausgesäter Entfaltung ist die einzige Lenkung, die es in der Kirche Christi geben sollte. Jesu Frage »Liebst du mich mehr als diese?«, kann Petrus nicht beantworten. Er wird immer wieder und letztlich ganz und gar sagen müssen: »Herr, was ich bin, weißt du allein.« Und es wäre alles Glück auf Erden, an diesem Wissen Gottes um uns teilzuhaben.

Thomas oder: Wie kommen wir zum Glauben?

Thomas aber, einer der Zwölf – der »Zwilling« genannte – war nicht bei ihnen, als Jesus kam. Nun sagten ihm die anderen Jünger: Wir haben den Herrn gesehen. Er aber sprach zu ihnen: Wenn ich nicht in seinen Händen das Abbild der Nägel sehe, meinen Finger in die Stelle der Nägel lege und meine Hand in seine Seite lege, glaube ich nie und nimmer. Und nach acht Tagen – seine Jünger waren abermals drinnen, auch Thomas bei ihnen – kommt Jesus bei verriegelten Türen, trat in die Runde und sprach: Friede euch! Darauf sagt er zu Thomas: Führ deinen Finger hierher und sieh meine Hände. Und führ deine Hand her und leg sie in meine Seite. Und sei nicht ungläubig, sondern glaubend. Hob Thomas an und sprach zu ihm: Mein Herr und mein Gott! Sagt Jesus zu ihm: Weil du mich gesehen, bist du glaubend geworden. Selig, die nicht gesehen und doch geglaubt haben.

Nun hat Jesus noch viele und andere Zeichen vor seinen Jüngern getan, die nicht in diesem Buche aufgeschrieben sind. Diese aber sind aufgeschrieben, damit ihr glaubend bleibt, dass Jesus der Messias ist, der Sohn Gottes. Und damit ihr als Glaubende Leben habt in seinem Namen. Joh 20,24–31

Wie gelangen wir Heutigen, zweitausend Jahre nach der Botschaft der Jünger, zum Glauben?

Diese Frage stellt sich bereits dem Verfasser des Johannesevangeliums. Er weiß, dass er der Nachwelt nichts anderes überbringen wird als ein kleines Buch von fünfzig Seiten. Wie kann etwas nur Geschriebenes, ein menschliches Wort, anderen eine Hoffnung und ein Vertrauen geben, das als Botschaft und Zeugnis der Auferstehung vom Tod zum Leben führt? Diese Frage stellt sich nicht geschichtlich und historisch; sie ergibt sich immer wieder in unserem Leben.

Man sagt uns, dass wir an Gott zu glauben vermögen, wenn wir Menschen begegnen, die uns so lieben, dass es ein Stück vom Himmel auf die Erde bringt. Aber was ist mit den vielen, die eine solche Erfahrung in ihrem Leben nie gemacht haben? Immer wieder taucht diese Frage auf.

Man kann an Gott glauben, so wird gelehrt, wenn man sieht, wie Verletzungen, die im Leben zugefügt wurden, sich verwandeln können und schweres Leid sich zum Leben öffnet. Wie aber, wenn man eine solche Erfahrung in seinem Leben nie gemacht hat? Gibt es nicht Menschen, die so etwas wie Heil oder heilgewordenes Leben nie kennengelernt haben, deren Leben scheinbar nur aus Unglück besteht und wie berufen ist, an der Schattenseite des Daseins lebendig zu verkümmern?

Es ist dieses erschütternde Wort, mit dem das Johannesevangelium schließt als mit einem Wort des Auferstandenen: »Selig, die nicht gesehen und doch geglaubt haben.« Es ist möglich, niemals eine solche innere Vision der Überwindung des Todes, der Verwandlung des Schmerzes, des Siegs der Liebe auf Erden mit eigenen Augen geschaut zu haben, und dennoch gibt es in unserem Herzen die Sehnsucht und das Verlangen, dass diese Botschaft stimmt; anders vermöchten wir nicht zu leben, und anders wäre es für uns kein Leben.

Es ist möglich, anderen Menschen zu glauben, dass sie es so erfahren haben, wie die Jünger es hier am ersten Wochentag im Abendmahlssaal erzählen. Ein anderer, der nicht dabei war, wird vielleicht geneigt sein, es nur für frommes Gerede oder für bloßes Wunschdenken zu halten, ja vielleicht sogar für eine Art gewissenlose Schönrednerei, über das Leid und über die Gräber hinweg. Man hat ein Recht, misstrauisch zu sein gegenüber dem Pomp der schönen Worte. Es ist soviel Unsinn geredet worden im Namen Gottes und weiß Gott viel zu viel schöngefärbt worden auf Erden. Es ist gut, dass es die Leute von der Art des Thomas gibt, die sagen: »Wir wollen sehen; vorher glauben *wir* nicht«, und die sich keinen Glauben aufschwatzen lassen, der nicht zeigt, wie sich im Kern, jenseits der Verletzungen und der tödlichen Verwundungen, das Leben dennoch wiederherstellen kann. Thomas hat gesehen und gefühlt, aber nach ihm kommt eine ganze Welt, die fragt wie er, und ihr wird keine neuerliche Vision zuteil.

Was soll man machen, wenn man die Unterschiede anerkennen muss zwischen den Visionären, die wenigstens für einen Augenblick ihres Lebens ins Licht getaucht sind, und den Menschen, die aus dem Schatten nicht herauskommen?

Jemand sagte mir einmal, wie er selber für sich den Glauben verstehe. Er wusste, dass er schwer krank war, und die Ärzte konnten ihm eine sichere Mitteilung über die Aussichten einer baldigen Operation nicht geben. Er aber versuchte, aus den Resten seines Lebens irgendwie ein Bild zusammenzufügen, das er mehr geahnt als je geschaut hatte. Er sagte: »Wenn ich ehrlich bin, hab' ich mein Leben lang mehr glauben wollen als wirklich geglaubt, und jetzt, wo ich den Tod näher sehe als das Leben, verfüge ich im Grunde über keinerlei Kraft mehr, irgend etwas für wahr zu halten. Das Reden vom Sinn des Lebens kommt mir fast zynisch vor, denn ich selber fühle mich leer, unsinnig und frage mich jeden Tag, wie lang es dauert. Aber dann sage ich mir: Mein jetziger Zustand, gezeichnet von Krankheit und Schwäche, *kann* die wirkliche Welt gar nicht wiedergeben. Zu sagen, das, was ich jetzt sehe, sei die eigentliche Wirklichkeit, wäre doch so absurd, wie wenn ich verlangen wollte, dass ein zerbrochener Spiegel irgendeinen Gegenstand der Welt *wirklich* wiedergibt. Ich kann nicht erwarten, dass in Angst, Traurigkeit, Schwäche und Ohnmacht mein

Verstand oder mein Gefühl die Welt so sieht, wie sie wirklich ist. Also sag' ich mir: Es gab mindestens ein paar Augenblicke, in denen ich dem Glauben näher war. Ich kann nicht sagen, jemals wirklich geglaubt zu haben, aber wären diese Augenblicke in meinem Leben stark genug gewesen, so könnte ich doch denken, aus ihnen hätte sich der Spiegel zusammengefügt, und es hätte eine Chance gegeben, richtig zu sehen.«

Ich glaube, so etwas meint das Johannesevangelium hier: Es ist möglich, den paar Leuten auf Erden zu vertrauen, die vermochten, richtig zu sehen. Selbst wenn wir es in unserem Leben nie klar und deutlich vor Augen geschaut haben, es gibt doch das Zeugnis dieser wenigen, und es ist nun die Frage, was wir damit machen: ob wir sie beneiden und uns selber bei Gott beklagen, dass wir nicht die Gnade des Thomas bekommen haben, zu sehen und zu fühlen, oder ob wir uns sagen: *Ein* Mensch wie Thomas genügt für Jahrhunderte; er wenigstens bestimmt die Richtung des Lebens, das auch in uns angelegt ist; er wenigstens hat einmal diese dunkle Wand des irdischen Daseins offen geschaut, und ein einziger Moment des Lichtes genügt, um zu wissen. Dann bleibt eine Erfahrung, die wir einander schenken können, jenseits der Unterschiede, jenseits der trennenden Kraft des Leids. Und dies meint das Johannesevangelium in seinem Abschluss. Wie wahr wir die Auferstehung Jesu glauben können und wie nahe uns ein Leben jenseits der Gräber ist, zeigt sich an der Kraft der Vergebung. Solange uns ein Schmerz wirklich peinigt, können wir uns anstrengen, wie wir wollen, wir werden ein Stück des Bedürfnisses, uns zu rächen, in uns tragen. Wir können uns das mit viel gutem Willen verbeißen, es wird trotzdem in uns nagen, und wir werden zur Vergebung nur sehr schwächlich im Stande sein. Wirklich frei ist unser Herz, wenn wir erleben, dass wir über Verwundungen und Verletzungen hinweg reifen können. Und irgendwann stimmt es sogar: Das menschlich Wertvollste, das an uns persönlich Schönste sind am Ende all die Stellen unseres Lebens, die ursprünglich sehr wehgetan haben mögen, aber mit denen wir gelernt haben weiterzuleben und die sich verwandelt haben in Quellen des Verständnisses und sogar schließlich der Güte. Dies ist, was Christus uns am Abend des Ostertages zeigt. Jenseits des Leids und des Schmerzes und jenseits des Wunsches nach Vergeltung gibt es eine Kraft des Lebens, die uns nahe bei Gott sein lässt, und ihre Worte sind die der Verzeihung, gültig im Himmel und auf Erden.

Die Erfahrung des Paulus: Gott ist für uns und nicht gegen uns

Wenn Gott für uns ist, wer ist dann wider uns? Der doch seines eigenen Sohnes nicht geschont, sondern ihn für uns alle ausgeliefert – wie sollte er uns nicht das Allsamt schenken mit ihm? Wer wird die Erwählten Gottes beschuldigen? Gott ist es, der gerecht macht! Wer will dann noch verurteilen? Der Messias Jesus – er, der gestorben, ja mehr noch: auferweckt ist, der zur Rechten Gottes ist, der auch einspringt für uns? Röm 8,31b–34

Manchmal schreiben Menschen Briefe, in denen ihr ganzes Wesen und ihr ganzes Leben enthalten sind. Selbst wenn wir vom Apostel Paulus nur seinen Brief an die Gemeinde von Rom besäßen, könnten wir doch zuversichtlich sagen, wir kennten den Mann aus Tarsus ganz. So sehr spricht er sich in diesem einen Brief aus.

Es ist eine eigentümliche Tatsache, dass offenbar nur Menschen, die selber durch viel Leid gegangen sind, anderen etwas Wesentliches zu sagen vermögen. Paulus ist durch viel Leid gegangen mit einer Frage, die sich immer wieder stellt, in jeder Religion, in jedem Menschenleben. Das Problem lautet: Wie verhalten sich Gerechtigkeit und

Liebe, die Ordnung des Äußeren und die Ordnung des Herzens, Gesetz und Güte zueinander? An dieser Frage ist Paulus fast zerbrochen, aber in seinem Scheitern hat er Zugang gefunden zum Geheimnis von Tod und Auferstehung Jesu. Zu Menschen von der Art des Paulus gehört es, dass sie Leiden nicht vermeiden. Sie wollen keine Abkürzungen, sondern Klärung, und wenn ihnen ein Problem als wesentlich aufgegeben ist, beißen sie sich daran fest und wollen auf Gedeih oder Verderb von dieser Frage nicht lassen, bis sie sich beantwortet in Wahrheit.

Manch anderer hätte die Frage nach Gesetz und Güte auf seine Weise gelöst; er hätte sie nicht so wesentlich genommen, nicht so wichtig, nicht so prinzipiell. Er hätte sein Ein- und Auskommen dabei gefunden. Nicht so der Mann Paulus aus der kleinen Stadt Tarsus in Kleinasien. Es gab zu seiner Zeit in Israel eine relativ kleine Gruppe, etwa zehntausend Leute nur, mit dem Namen »die Besonderen, die Peruschim, die Pharisäer«, eine Art Laienorden. Ihnen hatte Paulus sich angeschlossen mit der glühenden Begeisterung eines unbedingten Idealismus. Denn diese Gruppe glaubte aufs Wort, dass in den 663 Gesetzen Israels die ganze Wahrheit des Lebens und der Welt enthalten sei, wenn man sie nur leben wollte. Würde es auch nur ein einziges Mal einen Sabbattag in Israel geben, der rein und richtig begangen würde, es würden sogleich der Messias und sein Reich auf dieser Welt erscheinen. Und was sollte einen Menschen, der es gut meinte, daran hindern, die 663 Gesetze der Väter und die rund 2000 mündlichen Erklärungen der Rabbinen und der Schriftgelehrten zu halten?

An gutem Willen mangelte es Paulus weiß Gott nicht. Und dennoch ist er an seinem Bemühen fast tödlich gescheitert. Warum eigentlich? Paulus muss eine Erfahrung gemacht haben, die sich wirklich nur stellt, wenn man es ganz und gar gut meint und will. Man möchte nur *richtig* leben, so vollkommen und so vollständig, als es irgend geht. Da aber regen sich in der Seele eines Menschen Wünsche, Strebungen, Gedanken, Gefühle, die nicht vollkommen sind, sondern noch erst wachsen möchten, die noch nicht ausgereift sind, sondern grad erst einen Weg suchen, um sich zu entfalten, die noch nicht Anspruch darauf machen können, richtig zu sein, sondern noch unterwegs und auf der Suche sind. Diese Gefühle muss man bekämpfen, unterdrücken, abdrängen, man muss anfangen, sich in ihnen zu hassen, vor sich selber Angst zu haben. Und immer mehr, bei allem guten Willen und richtigen Bemühen, reißt die Seele auseinander. Die Gedanken, die man am Tag verdrängt, suchen einen heim bei Nacht, die Gefühle, die man mit dem Willen unterdrückt, stellen sich unwillentlich ein. Man kann noch so unwillig über sich selber werden, man entrinnt sich nicht, und darüber gerät Paulus in Verzweiflung. Zwei Kapitel vor diesem Text schreit er heraus, wie er sich vor der Begegnung mit Christus fühlte: »Grade das tue ich, was ich nicht will, und was ich will, vermag ich nicht zu tun. Wer erlöst mich aus diesem Leben?«

Man kann sagen, Paulus hätte weiser oder im bürgerlichen Sinne klüger sein sollen; kein Mensch muss und darf das Gesetz so ernst nehmen. Man muss halt auch einmal Ausnahmen machen, über seinen Schatten springen können, oder man muss sich überhaupt sagen, dass man vielleicht so streng für das Gesetz gar nicht leben muss.

Diese Hanswursterei hätte Paulus gehasst und nie geduldet. Gott sei Dank nicht. Denn seine Treue im Unbedingten wurde seine Erlösung. Gott sei Dank auch, dass Paulus nicht wie die allermeisten Pharisäer zurechtgekommen ist. Sie tun nur das Richtige, aber sie merken nicht, dass sie aufhören, richtige Menschen zu sein. Sie haben ihre Moral, ihre Bestimmungen, ihre Ordnungen; an die halten sie sich. Sie haben sich niemals etwas vorzuwerfen, und sie werden nicht verstehen, wenn Menschen ihnen sagen, dass man nicht gut sein kann, nur um seinen Seelenfrieden zu haben, dass man sich nicht vor dem Leben schützen und alles vermeiden kann, was zum Dasein gehört, nur um selber rein, richtig und in Ordnung durch die Welt zu gehen. An der Seite solcher Leute werden immer wieder Menschen wie Anna Karenina oder Effi Briest in Verzweiflung oder Krankheit verenden. Aber die Herrn Karenins werden sich nicht ändern; sie werden die Schwäche ihrer Mitmenschen nicht begreifen, die Exaltiertheiten nicht, diesen Mangel an gutem Willen nicht, die Haltlosigkeit und Verzweiflung nicht, denn sie wissen, wie es richtig ist: 663 Gesetze und 2000 Erklärungen – warum halten sich Menschen nur nicht an das alles?

Paulus, Gott sei Dank, kam nicht zurecht. Er hat es ein letztes Mal versucht. Da gab es in Israel eine kleine Gruppe von Leuten, die an einen Mann glaubten, den man offenbar zur rechten Zeit gekreuzigt hatte. Er sollte aufgetreten sein mit einer sonderbaren Lehre: dass die menschliche Not und der Hunger ein Recht gäben, am Sabbat – am Sabbat! – Ähren zu raufen und zu essen; dass man eine Ehebrecherin, statt sie zu steinigen, freilassen könne, weil jeder, der sie verurteile, nicht besser sei als sie selber; dass Gott Barmherzigkeit wolle und nicht Opfer … Diese Gruppe von Menschen hat Paulus gehasst. Er wollte sie töten, genau wie ihren Gründer. In seinem eigenen Herzen schrie es nach Vergebung und Güte, aber Paulus wollte keine Vergebung und Güte, keine unmännlichen Schwachheiten und keine faulen Kompromisse – das Gesetz, das ganze Gesetz! So wurde er zum Denunzianten, zum Inquisitor, zum Verfolger, zum Mörder bis zum Zusammenbruch vor Damaskus, als er wie in einem Anfall von Umnachtung oder Erleuchtung eine Stimme aus dem Himmel hörte: »Saulus, warum verfolgst du mich?« Es war das erste Mal, dass Paulus nicht mehr ausweichen konnte, wollte und durfte vor einem anderen Gesetz des Lebens, das zu verkünden er künftig nicht mehr müde wurde.

Es ist seine Erfahrung geblieben, dass das gesamte Gesetz Gottes, aufgeschrieben im Alten Testament, Wort für Wort seine Ordnung haben mag, seine Wahrheit und Berechtigung. Aber wenn Menschen fragen, warum sie leben, was es mit ihrem Dasein auf sich hat, und ihre Angst beruhigen, indem sie sich an die Gebote klammern, werden sie unmenschlich, starr, unverständig und grausam. Das hatte Paulus am Anfang seines Weges nicht gewusst. Jetzt aber weiß er es: Gott ist für und nicht gegen uns. Wir brauchen Gott nicht zu versöhnen wie unsere Scharfrichter und Inquisitoren durch Anständigkeit und Perfektion. Gott will, dass wir leben, so, wie er uns gemacht hat. Wir brauchen keine Rechtfertigung dafür, dass es uns gibt, durch Makellosigkeit, Unbescholtenheit, Anständigkeit. Es hat kein Mensch einem anderen etwas vorzuwerfen, wenn Gott auf seiner Seite ist. Und Gott ist auf seiner Seite. Gott wächst in seinem Herzen nicht durch die Gerechtigkeit, wohl aber durch die Liebe. Sie ist bei Gott schrankenlos. Gott schenkt uns alles, ist die Erfahrung des Paulus, vor allem, dass wir leben dürfen, dass es uns geben darf, möglicherweise mit allen Verkehrtheiten, Zweifeln, Wagnissen, Risiken, mit allem Suchen, mit dem ganzen Leben. Aber dieses unser ganzes Leben soll und darf es geben vor Gott.

Und nun steht Paulus auf und fragt: Wer kann uns anklagen, die Erwählten Gottes? So dürfen wir denken von Gott: Ein jeder für sich wird nicht etwas Besonderes durch die Gesetzestreue, sondern ist vor Gott ein Auserwählter, ein Begnadeter zum Leben. Er macht sich nicht gerecht, sondern Gott wächst in seinem Herzen, und das macht alles richtig. Es ist immer noch Juristenrede, wenn Paulus sagt: »Wer kann uns verurteilen, wenn doch Christus am Thron Gottes für uns eintritt?« Es ist immer noch die Sprache der Rechtskanzleien, aber nur, um sie ein für alle Mal loszuwerden.

Kinder des Lichtes sind wir, will Paulus sagen, Söhne Gottes, so wie Jesus es verkündete. Und im Hause unseres Vaters gibt es nicht Befehl, Zwang, Unterdrückung, Terror, Gebote, Gehorsam, Forderung; es gibt Liebe, Einvernahme, Güte, ein wechselseitiges Sich-Tragen und Getragen-Werden, ein Reifen im Umraum einer warmen Zuneigung. Und so beginnt das Leben.

So wollte Paulus, dass die Kirche Christi sei. Sie sollte kein Ort mehr sein, wo man zum anderen sagt: »Berichte, wie du die richtigen Gesetze richtig gelebt hast, oder müssen wir dich erst, damit du zu uns gehörst, abrichten, herrichten, zurichten, hinrichten?« Es sollte die Kirche ein Ort sein, an dem die erste Frage ist: Mit welchem Wesen hat Gott dich geschaffen? Wozu hat er dich berufen? Mit welchem Wort, das sich nur in dir aussprechen kann, hat er dich ins Dasein gestellt? Lass es mich hören. Wie zögernd, verängstigt, suchend auch immer – sprich dein Wort, such deine Melodie, finde dein Wesen. Und dann wird es niemanden mehr geben, der gegen dich ist. Denn einzig die Liebe ist ewig, mehr noch als der Glaube und die Hoffnung. Mit ihr allein wächst das Reich Gottes und unsere Menschlichkeit.

Die Emmaus-Jünger
Sprechen über das Unfassbare

Vom Glauben, den die Liebe lehrt

Und da! Zwei von ihnen waren am selben Tag auf Wanderung nach einem sechzig Stadien von Jerusalem entfernten Dorf namens Emmaus. Auch die unterhielten sich miteinander über all diese Ereignisse. Da geschah es: Während sie sich unterhielten und stritten, war Jesus selbst genaht und wanderte mit ihnen. Aber ihre Augen waren gehalten, dass sie ihn nicht erkannten. Er sprach zu ihnen: Was sind das für Reden, die ihr da im Gehen miteinander wechselt? Da blieben sie stehen, verdrossen dreinblickend. Hob der eine namens Kleopas an und sprach zu ihm: Du bist der Einzige, der sich in Jerusalem aufhält und nicht erfahren hat, was in diesen Tagen darin geschehen ist. Und er sprach zu ihnen: Was denn? Sie sprachen zu ihm: Das mit Jesus, dem Nazarener, der ein Prophet war, kraftvoll in Tat und Wort vor Gott und allem Volk. Und wie ihn unsere Hohenpriester und Anführer dem Richtspruch zum Tode ausgeliefert haben und ihn kreuzigten. Wir aber hatten gehofft, er sei es, der Israel erlösen werde. Zu alldem hin aber lässt er diesen dritten Tag hingehen, seitdem das geschah. Jedoch einige Frauen von den unseren haben uns dazu gebracht, dass wir außer uns gerieten. Sie waren frühmorgens am Grab und als sie seinen Leib nicht gefunden, kamen sie und sagten: Sogar eine Erscheinung von Engeln hätten sie gesehen – die sagen, er lebe. Und da gingen einige von denen, die mit uns sind, zum Grab und fanden es so, wie die Frauen gesagt hatten. Ihn selbst aber sahen sie nicht.

Da sprach er zu ihnen: O ihr – zu unverständig und trägherzig, um alles zu glauben, was die Propheten geredet! Musste nicht eben das der Messias leiden, um in seine Herrlichkeit zu kommen? Und angefangen von Mose und allen Propheten erklärte er ihnen, was in allen Schriften über ihn steht.

Und so nahten sie sich dem Dorf, wohin sie wanderten. Und da tat er, als wolle er noch weiter wandern. Sie aber drängten ihn und sagten: Bleib mit uns! Es geht ja gegen Abend, und schon geneigt hat sich der Tag. Und er ging hinein, um mit ihnen zusammenzubleiben. Und es geschah: Als er sich mit ihnen zu Tisch gelagert, nahm er das Brot und sprach die Preisung, brach es und gab es ihnen. Da wurden ihre Augen erschlossen, und sie erkannten ihn. Und er – hinweg schwand er ihnen. Und sie sprachen zueinander: Brannte nicht unser Herz in uns, als er auf dem Weg mit uns redete, als er uns die Schriften erschloss? Und auf standen sie – noch zur selben Stunde, und kehrten nach Jerusalem zurück. Und dort fanden sie die Elf und jene, die mit ihnen waren. Die sagten: Wirklich – auferweckt ward der Herr, und er hat sich dem Simon sehen lassen! Auch sie berichteten, was auf dem Weg geschehen, und wie er ihnen beim Brechen des Brotes kenntlich geworden. Lk 24,13–35

Dieses Evangelium enthält wohl die früheste Ostererzählung der Christenheit überhaupt. So unterwegs und im Vorübergang haben die Jünger den Auferstandenen vor sich gesehen, ehe sie viel später imstande waren, das Grab Jesu leer zu finden. Es ist eine Geschichte, in der Jesus erscheint beim Lesen der heiligen Schriften als einer langen Kette verschlüsselter Weissagungen über die Notwendigkeit des Leids und der Macht Gottes, Schmerz in Verklärung zu verwandeln. Es ist die Geschichte der Erscheinung Jesu beim Brechen des Brotes, wie er es tat, als er die sogenannten Sünder, die Verlorenen, die Verzweifelten um sich sammelte, um ihnen zu sagen, dass an seiner Seite niemand ausgeschlossen sei von der Gnade Gottes. Und eben dies, wie Leid in Freude sich wandeln kann, Schuld in Vergebung, Verzweiflung in Hoffnung, ist die Erfahrung auf dem langen und so kurzen Weg von Jerusalem nach Emmaus.

Es ist, wenn man so will, eine Geschichte von der Unzerstörbarkeit der Liebe und der Freundschaft. So kann man vielleicht am leichtesten verstehen, welch ein Geheimnis Jesus umgab. Es ist etwas Erstaunliches: Jeder in unserer Kultur wird von Kindertagen an gehört haben, dass es die Lehre des Christentums sei, den Tod gebe es eigentlich gar nicht, sondern alles sei und werde aufgehoben in der Macht Gottes in der Auferstehung. Doch eine Umfrage noch vor ein paar Jahren kam zu dem statistischen Resultat, dass an so etwas wie ein ewiges Leben lediglich etwa vierzig Prozent unserer Bevölkerung glauben; und selbst wenn man diejenigen, die Sonntag für Sonntag die Kirche besuchen, fragen würde, wie intensiv sie denn diesen Glauben an sich heranlassen, so wären sie vermutlich erschrocken, wie wenig er ihnen gilt. Die meisten würden, wenn sie ehrlich sprechen, von ganzen Phasen zu erzählen haben, in denen sie viel zu müde sind, sich ein ewiges Leben vorzustellen, ja überhaupt nur wünschen zu können. Eine gewisse Kraft gehört dazu, wenigstens die Hoffnung aufrechtzuerhalten, und es muss so etwas geben wie ein eigenes Ich, eine eigene Persönlichkeit, um sich selber in eine Kontinuität zu setzen, die womöglich sogar die Zerstörungsarbeit des Todes überdauern könnte. Es ist aber einzig die Liebe, die uns lehrt, dass wir mehr sind als nur ein Teil der Natur.

Nichts von all dem, was uns umgibt, beantwortet die wesentliche Frage unseres Lebens: warum wir existieren, warum wir überhaupt sind. Das kalte Feuer der Sterne schweigt auf unsere Fragen. Die Erde ermöglicht uns, aber wir sind ihr gleichgültig. Und bliebe es nur dabei, so müssten wir geradezu denken, die Natur habe sich erlaubt, mit uns gewissermaßen Scherz zu treiben, in dem sie Wesen hervorbrachte, die immerzu Fragen in ihren Köpfen haben, auf die zu antworten sie nicht nur sich weigert, sondern auf die sie mit ihren toten Gesetzen überhaupt nicht antworten kann, als hätte sie nur herausfinden wollen, wie lange ein solches Wesen überhaupt auf dieser Erde zu existieren vermag, ohne zu verzweifeln. Denn nach der Weise der Tiere mögen wir nicht leben. Dass es nur darauf ankäme, zu essen und zu schmutzen, zu schlafen und Nester zu bauen – was wären das für Antworten für uns Menschen? Also geht es kaum anders, als dass wir uns zusammenschließen inmitten der grenzenlosen Einsamkeit der Natur und, so intensiv wir können, versuchen, gegen den Tod einander zu lieben.

Wenn jemand einen anderen wesentlich in sein Herz schließt, formen sich, ob er's will oder nicht, ob er es auch nur denkt oder für möglich hält, wie von selber all die Antworten, die uns wirklich tragen. In der Liebe entdecken wir, dass wir einander notwendig sind. Der Natur sind wir gleichgültig, der menschlichen Geschichte im Ganzen völlig nebensächlich, aber einem Menschen, der uns liebt, sind wir wichtig und höchst bedeutsam, so dass er traurig würde und oft verzweifelte, gäbe es uns nicht. Wohlgemerkt, er liebt uns nicht, weil er uns nötig hätte, genau umgekehrt: wir sind ihm nötig, weil er uns liebt. Nur durch die Liebe sind wir imstande, uns selber als Personen zu formen, indem wir beginnen, an die eigene Bedeutung überhaupt erst zu glauben. Und vermutlich war dies die ganze Tat Jesu, als er auf Erden war, dass er Menschen, die sich bis dahin fühlten wie Blätter im Wind, lehrte und sie erfahren ließ, sie seien etwas unverzichtbar Wesentliches für Gott.

In der Liebe taucht man zu dem Punkt hinab, an dem man versteht, *warum* es all das gibt. Man begreift, wie Gott oder eine Macht im Hintergrund auf die Idee hat kommen können, es sollte all das sein, was uns ermöglicht, und schließlich sollte es sogar uns selber geben. Deshalb nennen wir diese Macht im Hintergrund, die wir nicht kennen, aber doch glauben, die Liebe selber, weil es einzig dieses menschliche Gefühl ist, das sich unendlich setzt und von dem her wir am Ende alles begreifen, was uns wie ein Irrwitz, ein reiner Unsinn, die Widerlegung aller Logik und die schiere Absurdität vorkommt. In der Liebe ordnet es sich. Darum hat es meistens gar keinen Sinn, jemandem zu sagen: »Du musst an die Unsterblichkeit glauben.« Er mag noch so leiden an den Widersprüchen des Lebens, daraus allein geht gar nichts hervor. Doch es ist möglich, im Umfeld der Liebe das Gegenüber eines anderen Menschen sich so ordnen, sich derart zusammensetzen zu lassen, dass sich eine freie, selbstständige, würdige Person darunter formt. Und das ist die Voraussetzung, an so etwas wie ein ewiges Leben überhaupt zu glauben. Lange Wege mögen das sein, so lang wie zwischen Jerusalem und Emmaus, aber es ist das Beste und das einzige, was wir mit Berufung auf Jesus füreinander tun können. Denn das wollte er.

Es ist die Liebe eine wunderbare und zärtliche Poesie, im Grunde immer ein Gesang der Unsterblichkeit. Es ist erschütternd zu sehen, auf wie vielen Wegen die menschlichen Kulturen immer wieder in diese Versicherung hineingewachsen sind: Es gibt keinen Tod im Augenblick des Sterbens. So legten Menschen, die ganz anders waren als wir, vor über siebzigtausend Jahren schon ihren Verstorbenen Blumen in das Grab. Noch in der Steinzeit gab man den verstorbenen Angehörigen, weil sie doch als lebend geglaubt wurden, Nahrungsmittel, Kleider, Schmuck und Waffen mit; sie sollten an nichts Mangel haben. Und am meisten übertreibend waren die alten Ägypter; sie vergrößerten diese Fürsorge für sterbliche Menschen fast ins Übermaß, sie bahrten ihre Toten auf einem Katafalk aus Sternen, denn sie dachten sich, im Tode nähmen wir Platz unter den Leuchtfeuern der Sterne, würden wir an den Himmel versetzt, oder anders ausgedrückt, es umfinge und umarmte uns die göttliche Mutter, deren Kleid übersät ist von den Sternen des Firmaments, der Himmel selber gebäre uns noch einmal. Sie glaubten daran, dass es so etwas gebe wie eine ewige Ruhe, ein Aufschauen zu einer Ordnung, die niemals vergeht, und ein Wiedersehen am anderen Ufer, ohne den Schmerz, ohne die Traurigkeit, und alles irdische Glück hinübergesetzt ins Unendliche. Es war viel Angst im Glauben der Ägypter; sie klammerten sich an diesen irdischen Leib und wollten ihn gegen alle Verwesung retten.

Der kleinste Fehler kam ihnen entsetzlich vor in seinen zerstörerischen Konsequenzen. Sie mumifizierten, balsamierten, sie wollten jedes Stück der Erde aufbewahren. Einzig die Seele des Menschen hielten sie für einen goldenen Vogel, der selber die Kraft hätte, zu den Sternen aufzufliegen. Wir im Abendland haben diesen Vorstellungsrahmen weitgehend übernommen. Wir haben die Unsterblichkeit als Lehre im Christentum förmlich zum Dogma erhoben und wir stehen heute im 21. Jahrhundert ärmer da als jemals zuvor. Was ist unser Geist anderes als das flackernde Licht einer Kerze? Nicht auch nur eine Stunde vermögen wir es gleichmäßig leuchten zu lassen, und jeder Windhauch vermag es auszulöschen. Unsere riesige Neuronenmaschine, die wir Gehirn nennen, mag Geist produzieren, aber es ist ein winziger, vergänglicher Ausschnitt aus dieser großen Melodie der Schöpfung.

Es gibt am Ende keine andere Zuversicht als den Glauben, den die Liebe lehrt. Und das war es, was Jesus wollte. Nichts, was wir sind, steht da mit dem Stolz, es sei in sich gültig. Einzig wenn es andere uns sagen, vermögen wir's zu fassen. Und Jesus wollte, dass wir es hören, so wie es Gott zu uns gesagt hat, als er uns schuf. Er wollte, dass wir das Vertrauen in die Macht des Hintergrunds der Welt so wesentlich, so überzeugend setzen sollten, dass all die Träume der Liebe uns stärker würden als die Tragödien des Hasses. Er wollte, dass wir diesen Surrealismus der Ewigkeit zu leben begännen und einzig der Spannkraft der Liebe Aufmerksamkeit, Wert und Hoffnung schenkten. Denn nur die Liebe hat die Chance, Leben zu erwecken. Sie ist die Kraft, die uns glauben macht, dass das Leben ewig ist, nicht das Leben der Menschheit im Allgemeinen, sondern eines jeden Einzelnen in ihr. Auch das zählt zu dem Wunderbaren: Lieben kann man nie im Allgemeinen, und nur die Egoisten lieben es, abstrakt zu sprechen. Die Liebe ist immer persönlich, höchst individuell und ganz konkret. In ihr allein ist das kleine Ich eines jeden so wichtig, dass der ganze Himmel darauf wartet.

Sprechen über das Unfassbare oder: Der Beginn von allem Glauben

Was diese beiden Menschen zurücklassen, als sie Jerusalem den Rücken kehren und nach Emmaus aufbrechen, ist ein verbrannter Ort aller Erwartungen. In den Mauern der heiligen Stadt wurde all das zerstört, worauf sie ihre Hoffnung setzten. Mit der Person Jesu verbanden sie nicht irgend etwas, sondern das Heil Israels, die Erfüllung aller Verheißungen. In seiner Nähe glaubten sie's mit Händen greifen zu können, nur um zu erleben, dass es vernichtet wird, und nicht von irgendwem, nicht durch ein Malheur des Zufalls, sondern nach Rechtsspruch und Richtspruch. Das zu begreifen ist nach Menschenmaß nicht möglich, und je weiter sie sich von Jerusalem entfernen, desto mehr gehen sie hinaus aus der Welt, in der ihr Leben war und in der sie Zukunft sahen. Emmaus in diesem Sinne ist ein Ort im Nirgendwo, kein Ziel, sondern ein Nichts; Jerusalem wird überall sein. Und doch kann man dort nicht existieren. *Das* heißt es, hinüberzugehen in dieses Dorf, nur sechzig Stadien entfernt; in Wahrheit liegt dazwischen der Abgrund einer ganzen Welt.

Insofern ist es viel, dass diese beiden nicht aufhören zu bereden, was sie erlebt haben. Es gibt einen Schmerz, der nur stumm ist und der das Gefühl vermittelt, dass kein Wort ihn mehr erreicht oder ihn auszudrücken imstande ist. Allein schon miteinander im Gespräch zu bleiben über das Unfassbare ist viel und oft schon der Beginn von allem Glauben. Dabei kann man miteinander reden, wie wir's im dichtesten Zeugnis des Alten Testamentes erleben; da sitzt der Mann Hiob vor seinem Haus und versteht nichts mehr, so sehr hat ihn das Leid überwältigt. Er mag keinem Gott mehr glauben, und er versteht nicht, was man je über Gott geredet hat. Mit ihm sprechen, nach Tagen des Trauerschweigens, seine Freunde; aber sie reden über den bekannten Gott, sie verkünden, was man als frommer Jude sagen muss, und es erreicht Hiob nicht, der es ganz anders erlebt. Auch wir werden geneigt sein, Erfahrungen dieser Art zu verleugnen: so trostlos darf man nicht sein, so verzweifelt nicht, nicht nachdem Gott sich in Jesus Christus offenbart hat. Und immer werden wir dasitzen und reden, wie Elifas von Teman dem Hiob ins Gewissen redet, bis dass dieser zornig wird und sagt: »Mit euch Schwätzern stirbt die Weisheit aus.« Und das will sagen: Ihr habt sie, ihr wisst sie immer, nur vom Leben wisst ihr nichts, vor dem schützt ihr euch mit lauter Phrasen. Es wird lange dauern, bis Gott sich zu seinem ehrlich suchenden Hiob bekennt, so wie er sich bekennt zu diesen beiden ehrlich suchenden Männern auf dem Wege nach Emmaus. Dies ist eine Erfahrung, die man nur machen kann, wenn man sich auf den Weg macht. Die Welt mag zerbrochen sein, es ist die Verheißung und Versicherung, wir würden Gott finden und er werde uns begleiten, gleich wohin wir unsere Schritte lenken. Das ist der Anfang der Ostererfahrung, dass der Jesus, den man kennengelernt hat, uns nicht verlässt, sondern uns begleitet, geistig, schon weil von anderem keine Rede möglich ist.

Es geht eine Frage von diesem unerkannten Begleiter auf dem Weg nach Emmaus aus: »Was sind das für Reden?« Man ist immer geneigt, im Alten wie im Neuen Testament die Fragen, die Gott oder Jesus an die Menschen richtet, wie ein Stilmittel aufzufassen, wie eine Erkundigung, die es da einzuholen gelte. In Wirklichkeit müssen wir uns die Art Gottes zu fragen in schlaflosen Nächten vorstellen. Sie kehren immer wieder, die göttlichen Fragen, und sie sind viel mehr als eine Erkundigung, sie sind eine Infragestellung dessen, was uns so sicher scheint. Und ganz sicher erscheint oft die Trauer und Verzweiflung. Man widerlegt sie nie durch Gegenargumente, man kann sie nur aufarbeiten, indem man ihr den Mund öffnet, dass sie all das sagt, was sie schon gesprochen hat, und immer wieder und noch einmal. Man muss es wissen, und es kann nur so lange dauern, bis es sich klärt, wie wenn die Tränen zu Quellen werden und sich im Fließen reinigen. So diese Frage Jesu.

Da bleiben die Jünger auf dem Weg nach Emmaus stehen, und es hält die Bewegung des immer weiterschreitenden Flüchtens inne. Es ist in diesem Augenblick, als begänne sich zu sammeln, was dann aus ihnen herausbricht: »Das mit Jesus von Nazaret!« Und unfassbar ist ihnen, dass es in Jerusalem jemanden geben könnte, der nicht wüsste und mitbekommen hätte, was sich dort ereignet hat. Und nun müssen sie's erklären in ihrer Art. Am allerschlimmsten ist der scheinbare Rechtsspruch, der erging, um soviel Unrecht zu schaffen. Und wie ist es möglich, dass die eigenen Hohenpriester das Wort Gottes missbrauchen können, um einen Mann, der ersichtlich von Gott kam, zu ermorden, und die eigenen Anführer des auserwählten Volkes es fertig bekommen, ihn auszuliefern an die Heiden, damit sie, als Handlanger des Todes, das längst ergangene Urteil vollstreckten? Nichts scheint sich zu fügen, alles ist der reine Widerspruch. Daran ändert nichts, dass es von fernher Kunde von Hoffnung gibt, Berichte gar über Visionen. Man glaubt mit den weinenden Augen keinem Engel und ist außerstande, selber wahrzunehmen.

Dennoch nennt Jesus seine eigenen Jünger zu unverständig und trägherzig, um alles zu glauben, was die Propheten geredet. Wenn wir diese Stelle lesen, sind wir rasch darüber hinweg, denn wir nehmen sie gewissermaßen als ein frühes Zeugnis der Schriftbeweise und der Art, wie die frühe Kirche das »Alte Testament« zitiert, um es auf Jesus hin auszulegen. Das tut sie zwar an jeder sich bietenden Stelle – sie nimmt die Leidenspsalmen, sie nimmt die Gottesknechtslieder, sie nimmt ganze Passagen aus dem Propheten Sacharja –, aber darum geht es hier nicht. Musste nicht der Messias all dies leiden, grad im Sinn der alten Prophetie? Der wirkliche Wendepunkt dieser Geschichte liegt darin, dass man das Leid bis zum Extrem ins Wesentliche treibt. Es war kein Zufall, richtig. Hier wurde abgeordnet und abgeurteilt nach Gesetz und Paragraph. Hier wurde Gott bemüht im Widerspruch zu der Botschaft Jesu von Gott. Das alles stimmt, aber nun muss man die Bibel wirklich noch einmal ganz von vorne lesen. Wann war das denn jemals anders? *Das* muss man begreifen. Grade weil es kein Malheur und kein Zufall war, muss man sehen, dass Jesus nicht widerlegt ist, indem man ihn tötete, sondern dass er nur den Konflikt aussprach und zum Leben brachte, der an jeder Stelle des Alten Testamentes sich deutlich macht und artikuliert.

Die Zeitgenossen hielten Jesus selber für einen wiedergekehrten Jeremia. Und wie verfuhr man mit Jeremia? Man warf ihn in die Grube, weil er darum beten ließ, es möchte König Nebukadnezar kommen und die heilige Stadt Jerusalem zerstören, den Tempel mit inbegriffen. Grade so sprach Jesus: »Ich reiße den Tempel ein.« Und er wollte nicht die Religion des Äußerlichen, das versicherte Ritual, die garantierte Formel, er wollte lebende Menschen überall dort, wo von Geist die Rede sein konnte und wo Leben beginnen mochte. Es ist der ewige Konflikt zwischen einer Religion der Äußerlichkeit und der Außenlenkung und einer Religion der Erfahrung. Es ist ein ewiger Konflikt zwischen Prophet und Priester, zwischen dem Gemächte des Tuns in überliefertem, tradiertem Informationsmaterial und dem Aufbruch des wirklich Neuen – ein tödlicher Konflikt ist dies. Wann je war es anders?

Andere nannten Jesus den wiedergekehrten Elija, und so war er wirklich, wie auf der Flucht, ganz entsprechend der Vorbildgestalt dieses großen Mannes, der am Karmel gegen die Dämonisierung und Vergötzung Gottes durch die Mächte der Angst kämpfte. Er war in der Wüste zusammengebrochen unter dem Ginsterstrauch, als ein Engel kam und ihn stärkte. Und hinüber ging Elija zum Gottesberg Horeb, wo Gott ihm erschien, säuselnd wie Wind und leise wie Worte der Zärtlichkeit, ein unhörbares Schweigen. So redete Gott zu Elija.

Wie Recht hatte Jesus, als er – nach dem Zeugnis des Lukasevangeliums – seinen Gegnern sagte: Ihr macht es immer wieder so! Ihr baut den Propheten Denkmäler. Wenn sie erst tot sind, überliefert ihr ihre Worte und benutzt sie weiter zum Rechthaben. Dann wisst ihr alles, schreibt sie auf und lehrt sie die Kinder. Ihr baut Tempel und heilige Hallen zur Erinnerung für die ermordeten Propheten, aber weil ihr in der Gegenwart nicht lebt und den Mut nicht habt, jetzt, wo ihr existiert, zu tun, was ihr wissen könntet, seid ihr nur die Söhne der Prophetenmörder. Der Kampf hört nicht auf. Nichts ist Zufall in dieser Geschichte; nicht widerlegt wurde Jesus, sondern bestätigt, grad nach dem Zeugnis all der großen Gestalten des Alten Testamentes. Was ist da Altes und was Neues Testament? Ein einziges Sprechen Gottes ist es, immer wieder neu. So bleibt er lebendig und geht durch die Zeiten. Und so muss man beginnen, die Schrift zu lesen: nicht als die Sprache eines Gottes für Tote, sondern zum Leben sich immer erneuernd. Nichts ist fest darin, es ist ein ewiges Fließen. Dann gibt es ein Bild, das nie mehr vergehen wird: dass er bei uns ist und uns einlädt, nicht uns nur, sondern alle Menschen.

Vielleicht ist dies das älteste Zeichen, über das die Menschheit verfügt: sich zusammenzusetzen und Speise zu teilen. So sind wir vermutlich überhaupt zu Menschen geworden, dass wir die erlegte Beute untereinander teilten, um gemeinsam zu sein – Urerfahrungen von Solidarität und sogar von Gerechtigkeit. Dass es ein Mahl gibt, das keinen Menschen ausschließt, war eines der Bilder, in denen Jesus sich in seinen Tagen ausdrückte. Er wollte die Verstoßenen, für die man kein Brot brach, über die man den Stab brach und nach denen man ausschlug, um sie fernzuhalten, einladen, an den Tisch der Gemeinsamkeit, unter dem gemeinsamen Himmel aller, und so sollte Gott sein. Dieses Zeichen wird leben, verwaltet von Priestern, aber offen für die Prophetie, für das Leben, das immer ist: ein Brot, in dem Jesus sich als niemals gestorben zeigt, und jedes

Stück Güte wird ihn uns nahebringen, jede Erfahrung eines brennenden Herzens ihn uns vor Augen stellen, und alle Wege kehren sich um, zurück von Emmaus hinüber an den Ort der zerstörten Hoffnung.

Der johanneische Jesus
»Ich bin ...«

Glaubwürdig von Gott reden

Als nun Jesus erfuhr, die Pharisäer hätten gehört, Jesus mache und taufe mehr Jünger als Johannes – obschon Jesus selber nicht taufte, sondern seine Jünger –, da verließ er Judäa und zog abermals nach Galiläa. Er musste aber durch Samarien hindurchziehen. Er kommt also in eine Stadt Samariens, genannt Sychar, nahe dem Landstück, das Jakob seinem Sohn Josef gegeben. Es war aber dort eine Quelle Jakobs. Abgemüht von der Reise setzte sich Jesus also an der Quelle nieder. Es war um die sechste Stunde.

Kommt eine Frau aus Samarien, um Wasser zu schöpfen. Sagt Jesus zu ihr: Gib mir zu trinken. Seine Jünger waren nämlich zur Stadt gegangen, um Zehr zu kaufen. Sagt also die samaritische Frau zu ihm: Wie kannst du, ein Jude, von mir, einer samaritischen Frau, zu trinken begehren? – Juden verkehren nämlich nicht mit Samaritern. Jesus hob an und sprach zu ihr: Wenn du die Gabe Gottes kenntest und wer es ist, der zu dir sagt: Gib mir zu trinken, so hättest du ihn gebeten, und er hätte dir lebendiges Wasser gegeben. Sagt die Frau zu ihm: Herr, du hast keinen Eimer, und der Brunnen ist tief. Woher willst du also das lebendige Wasser haben? Du bist doch nicht größer als unser Vater Jakob, der uns den Brunnen gegeben und selber aus ihm getrunken hat, samt seinen Söhnen und seinem Vieh. Jesus hob an und sprach zu ihr: Jeder, der von diesem Wasser trinkt, wird abermals dürsten. Wer aber von dem Wasser trinkt, das ich ihm gebe, der wird nicht dürsten – nicht auf Weltzeit hin. Vielmehr: Das Wasser, das ich ihm gebe, wird ihm zur Quelle eines Wassers, das sprudelt zu unendlichem Leben. Sagt die Frau zu ihm: Herr, gib mir dieses Wasser, dass ich nicht mehr durstig werde und hierher zum Schöpfen kommen muss.

Sagt er zu ihr: Geh, ruf deinen Mann und komm wieder her. Die Frau hob an und sprach zu ihm: Einen Mann habe ich nicht. Sagt Jesus zu ihr: Recht hast du gesprochen: Einen Mann habe ich nicht. Fünf Männer hast du ja gehabt und jetzt hast du einen, der nicht dein Mann ist. Da hast du Wahres gesagt.

Sagt die Frau zu ihm: Herr, ich schaue: Du bist ein Prophet. Unsere Väter haben auf diesem Berg sich tief verneigt. Doch ihr sagt, in Jerusalem sei der Ort, wo man sich tief verneigen müsse. Sagt Jesus zu ihr: Glaube mir, Frau: Die Stunde kommt, da ihr euch weder auf diesem Berg noch in Jerusalem vor dem Vater tief verneigen werdet. Ihr verneigt euch tief vor dem, den ihr nicht kennt, wir verneigen uns tief vor dem, den wir kennen. Gewiss: Die Rettung kommt aus den Juden. Aber: Die Stunde kommt – und jetzt ist sie da –, wo jene, die sich wahrhaft tief verneigen, sich vor dem Vater in Geist und Wahrheit tief verneigen werden. Und solche sucht ja der Vater, dass sie sich tief vor ihm verneigen. Geist ist Gott, und die sich tief verneigen vor ihm – in Geist und Wahrheit müssen sie sich tief verneigen. Sagt die Frau zu ihm: Ich weiß: Der Gesalbte – der Messias genannte – kommt. Wenn er kommt, tut er uns alles kund. Sagt Jesus zu ihr: Ich bin es – ich, der mit dir redet …

Aus jener Stadt aber wurden viele von den Samaritern glaubend an ihn – auf das Wort der Frau hin, die bezeugt hatte: Er hat zu mir über alles gesprochen, was ich getan habe. Als nun die Samariter zu ihm kamen, baten sie ihn, dass er bei ihnen bleibe. Und er blieb dort zwei Tage. Und es wurden ihrer noch viel mehr glaubend – auf sein Wort hin. Und sie sagten zu der Frau: Nicht mehr auf deine Rede hin glauben wir. Wir haben selber gehört und wissen: Der ist in Wahrheit der Retter der Welt. Joh 4,1–26.39–42

Es gibt Texte im Neuen Testament, die noch wie unentdeckt im Staub der Zeit verborgen liegen und die sich unserem Verständnis erst sehr langsam erschließen. Selbst zweitausend Jahre danach sind wir im Verständnis dieses Gesprächs zwischen Jesus und der Frau am Jakobsbrunnen buchstäblich erst am Anfang all dessen, was es uns zu sagen hat.

Es beginnt damit, dass Jesus Judäa den Rücken gekehrt hat. Man debattiert dort über die Frage, wer wohl mehr Jünger mache, Jesus oder Johannes der Täufer. Es ist ein Rechnen in Statistiken der Religionszugehörigkeit, und Jesus scheint von dieser Art der Nachfolgemacherei der verwalteten Religion so angewidert zu sein, dass er dem Land Judäa, dem Ort jahrhundertealter Gottesverkündigung, den Rücken kehrt und sich buchstäblich im Niemandsland des Religiösen wiederfindet. Samaria ist das Feindvolk der Rechtgläubigen, und national, religiös und politisch besteht seit Jahrhunderten Erzfeindschaft zwischen der Religion der Synagoge und diesen Auch-Juden, die schlimmer sind als die Heiden, da sie sich ausgegrenzt haben aus dem Kordon der Rechtgläubigkeit. Es ist der Rest des alten Nordreichs, der in Samaria weiterlebt, und politische Intrigen, Königsfeindschaft, religiöse Ideologien haben ein Volk der Offenbarung zerrissen, so wie im christlichen Abendland etwa noch vor Jahrzehnten Protestanten und Katholiken in manchen Gegenden in ihrem Bekenntnis, das im Grunde doch gemeinsam war, einander als Feinde gelten konnten.

Dieser Text also beginnt mit der Frage, wie es möglich ist, unter solchen Umständen, in einem ganz anderen Verstehensraum und unter völlig veränderten Voraussetzungen, von Gott glaubwürdig zu sprechen. Es ist die Frage, die uns im Christentum bis heute beschäftigt: Wie sagt man als Vater oder Mutter den Kindern glaubwürdig etwas von Gott? Wie verkünden wir unsere eigene religiöse Überzeugung in eine Welt hinein, die scheinbar solche Fragen gar nicht hat, und wie sprechen wir in Räumen ganz anderer Religionsgeschichte von unserem Glauben an Gott, wie Jesus ihn verkörperte?

Es ist erstaunlich, dass dieses Gespräch am Jakobsbrunnen gar nicht zustande käme, würden wir diese unsere erste Frage, wie man den Glauben an Gott verkündet, für den Einstieg und das Zentralproblem halten. Nichts in diesem Gespräch könnte sich vollziehen, wenn nicht mindestens drei Tabus auf einmal überwunden würden, einfach indem man sich erinnerte, dass es so etwas gibt wie eine internationale Sprache der Verständigung. Alles beginnt damit, dass Jesus in der Mittagshitze Durst hat und müde ist und sich an den Brunnen setzt und eine Frau kommt, Wasser zu schöpfen. Ein stolzer Jude hätte Charakter zeigen und sich den Durst verbeißen müssen. Er hätte den Kontakt mit einem Nichtjuden, einem Samariter, in dieser demütigenden Form der Bitte um Wasser sich selber untersagen müssen. Schon gar hätte er als Mann die Pflicht, sich nicht dahin herabzulassen, eine Frau zu ersuchen, ihm hilfreich zu sein. Und es würde ihn die Schranke der Religiosität dazu bestimmen, die eigene Bedürftigkeit tapfer zu verleugnen. Es wäre nicht möglich, dass dieses Gespräch, das im Leben der Frau aus dem Dorfe Sychar alles ändert, auch nur in den Anfangsbedingungen zustande gekommen wäre, wenn nicht Jesus den Mut gehabt hätte, das Tabu der Nationalität, das Tabu der Religiosität und das moralische Tabu zwischen Mann und Frau inmitten einer patriarchalischen Gesellschaft zu überwinden.

Was hier auf dem Spiel steht, muss man buchstäblich ins 21. Jahrhundert übersetzen, wo uns immer noch Staatsgrenzen als das Ende der eigenen Menschlichkeit vorgestellt werden, so dass die nationalen Interessen beispielsweise immer noch verhindern, dass wir uns weltweit an Hunger und Durst erinnern. Es wäre aber ein Auftrag der Menschlichkeit, dass wir begreifen: einfach weil wir einen Körper haben, der auf den Kreislauf von Energie und Nahrung angewiesen ist, gehören wir zusammen in solch ganz einfachen Erfahrungen. Was Müdigkeit ist, Hunger ist und Durst ist, versteht ein jeder auf dieser Welt. Es kann aber ein Grenzstein bereits bedeuten, dass wir durch Lichtjahre voneinander getrennt sind.

Es kann der Dünkel der Religion darin bestehen, nur denjenigen zu helfen, die an unserer Seite sind. Ich entsinne mich, dass ich vor Jahren, grade in den Vorweihnachtstagen, als für Adveniat kollektiert wurde, auf den Straßen eine Kollekte versuchte für die Flüchtlinge in Bangladesch, die zu Millionen, mehr als zwölf Millionen, aus Bengalen hinausgedrückt wurden. »Das geht nicht«, hörte ich sagen, »das schafft Konkurrenz, wir sammeln jetzt für Adveniat.« Ja, aber worum geht es denn, wenn wir sammeln? Um die Demonstration der eigenen Macht, des finanziellen Angebots der Stärke? Oder nicht vielmehr um ein Wissen, dass Menschen, die auf Zeitungen schlafen, unserer Hilfe bedürfen, gleich welcher Hautfarbe, Sprache oder Religionszugehörigkeit?

Und wann wird in unserer Gesellschaft, speziell in unserer Religion, ein Mann wagen, einer Frau zu sagen: »Ich bitte dich um ein Glas Wasser«? Und wenn gar das Wasser nur ein Symbol ist und er am Verdursten wäre und nicht nur das Tun des anderen brauchte, sondern seine Person, ein Mann eine Frau, wären wir sogleich im Feld des Anrüchigen, des scheinbar Verbotenen, des Tabubeladenen. Wie frei muss man werden, um menschlich zu sein?

Ohne dieses Fundament der Menschlichkeit käme kein Wort in diesem Gespräch zustande. Dann ist es wahr, dass Jesus gleich das Ende von allem vorwegnimmt und aufgreift: Wenn du wüsstest, wer der ist, der mit dir redet! Was wir bedürfen im Leben, ist niemals etwas, sondern das Gegenüber einer Person, und wir werden auf dieser Erde niemals Ruhe finden, bis uns im Hintergrund von allem etwas Absolutes aufscheint, eine Person, die will, dass wir sind. Nur: wie findet man zu dieser Erkenntnis?

Wenn Jesus in der Sprache der Religion redet, erweist es sich zunächst als voller Missverständnisse. Da geht die Bildrede vom Wasser des Lebens, und augenblicklich versteht es die Frau am Jakobsbrunnen auf ihre Weise. Von Vater Jakob im Alten Testament, von diesem Gottesträumer und Wegesucher, von diesem Liebenden und Werbenden um die Gunst Rachels, dem Stammvater Israels, ist als sein Erbe einzig ein Brunnen übriggeblieben, aus dem er selbst, seine Diener und sein Vieh seinerzeit tranken. So kann es Menschen packen, dass der Inbegriff all des Wünschenswerten auf der Ebene dessen gelegen ist, was wir als Menschen brauchen. Die leibliche Versorgung wäre unendlich viel für all diejenigen, die sie nur in einem Übermaß der Mühsal oder der Entbehrung sich zu verschaffen vermögen, und es wäre ein fast paradiesischer Traum, nichts mehr wäre nötig von der Plackerei und Schufterei, die bloßen Existenzbedingungen zu erstellen. Und doch ist es nicht das, was uns Menschen ausmacht. Gesetzt selber, wir lebten so, wie wir am Anfang des 21. Jahrhunderts in Deutschland beinahe leben, enthoben der Not oder der Angst um die Sicherung der äußeren Existenz, uns flösse das Wasser ins Haus und wir verfügten über alle Mittel, uns einigermaßen angenehm einzurichten, so sehr, wie es die Pharaonen vor viertausend Jahren nicht zu träumen wagten – wären wir dann am Ende unserer Sehnsucht und unseres Verlangens? Wir würden bald merken, was wir vielleicht hier in Mitteleuropa inzwischen deutlicher wissen als die Menschen in den Ländern der Dritten Welt, dass Hunger, Armut, Durst, Müdigkeit, Traurigkeit, Einsamkeit, Verzweiflung, Krankheit *innerlich* noch viel tiefer uns heimsuchen können, als das äußerlich ehedem der Fall war. Am Ende *haben* wir alles und wissen doch nicht, wofür wir *sind*. Wir brauchen nur in den Kühlschrank zu schauen und wissen, wovon wir leben, aber wir wissen nicht, wozu, und was mit unserem eigenen Leben gemeint ist. Davon scheint uns eine ganze Welt zu trennen.

Es ist die zweite Frage, die Jesus an diese Frau am Jakobsbrunnen richtet: wovon sie wirklich lebt. Jesus spricht ihr auf den Kopf zu: »Fünf Männer hattest du, und der, den du jetzt hast, ist nicht dein Mann.« Es ist, dass wir Menschen nach anderen Menschen suchen, an die wir uns klammern können. Nur in ihren Augen werden wir so etwas gewinnen wie Schönheit, nur aus den Worten ihres Mundes so etwas wie Berechtigung und nur an ihrer Seite so etwas wie Geborgenheit und Frieden. Wo gibt es solche Menschen? Diese Frau hat gesucht und gesucht in einem Übermaß und ward immer wieder enttäuscht und machte sich erneut auf die Suche. Es kann sein, dass wir unglücklich sind in der Maßlosigkeit unseres Verlangens nach Glück, und immer kreisen und kreisen wir, drehen wir uns und wissen an kein Ziel zu kommen.

Ich höre in unseren Tagen oft sagen, dass zwischen Religionen, speziell der des Christentums, und dem Bemühen um Selbstverwirklichung von Menschen ein krasser Gegensatz bestehe und beides miteinander unvereinbar sei. Dieses Evangelium aus dem 4. Kapitel des Johannes mag uns zeigen, dass wir zu Gott nicht anders finden, als dass wir mindestens die Gründe unseres Unglücks begreifen. Es ist, dass Jesus an dieser Stelle mit der Frau durcharbeitet, was sie sucht, wonach sie verlangt und was sie immer wieder zurückwerfen muss in einem Feld von Enttäuschungen und Vergeblichkeiten. Erst jetzt, an dieser Stelle, wo das Leben der Frau sich klärt, beginnt die Sprache auf die Religion zu kommen. Und da hat man erneut den Kontrast: Ihr Juden betet an in Jerusalem, wir Samaritaner auf dem Garizim, und welche Religion, die die Väter gelehrt haben, ist richtig und wahr? Es ist ein unglaublicher Atemwind im Munde Jesu, wenn er, wie aus der Ewigkeit kommend, in das Leben dieser Frau hineinspricht. Es geht nicht darum, dass durch die Tradition und die Herkunft ein Glaube sich festlegt. Was Gott sucht, sind Menschen, die aus innerer Wahrheit und aus Geist, aus Überzeugung, die stimmt, sich zu ihm wenden. Und all das, was die Frau in diesem Gespräch erlebt hat, findet Eingang in ihre Wahrheit und ihre Wirklichkeit.

Noch einmal ist dann die Frage: Wie artikuliert sich und wie gestaltet sich eine solche Überzeugung aus Geist und Wahrheit? Kann es nicht sein, dass wir alles kennen und wissen's doch nicht zu leben, nicht heute, nicht jetzt? Mitten in unserer Kirche hören wir so oft sagen: Man darf nicht ungeduldig sein, man darf nicht Änderungen gleich erwarten, alles wird kommen für die, die ausharren. Es ist, dass wir warten und warten bis zum Sankt-Nimmerleins-Tag. So spricht diese Frau, ebenso gläubig wie verzweifelt: Ich weiß, dass der Messias kommt, und er wird uns alles zeigen. Aber wann wird der Messias kommen? Es gibt nur *eine* Art, christlich zu leben: Wer, wenn nicht ich, und wann, wenn nicht jetzt? – und es duldet keinen Aufschub. Und dann wird man an der Person des Jesus von Nazaret sehen, dass die Schranke zwischen Himmel und Erde sich öffnet und kein Gegensatz mehr ist zwischen Gott und Mensch und dem Sprechen von der Religion und dem Sich-Finden der Menschen und hier auf dieser Erde unter den Menschen keine Grenze mehr Bestand hat. Selbst die Leute in Sychar werden später sagen: Wir glauben nicht mehr deiner Rede wegen, Frau, sondern selber haben wir gehört.

Heute noch trennt sich das Christentum in verschiedene Konfessionen, noch trennen sich die Religionen in ihren unterschiedlichen Bekenntnissen, aber wäre es nicht möglich, dass wir sie alle brauchen, und eine jede bringt ihre Erfahrung ein statt ihre Doktrinen? Dann hätten wir in diesem Evangelium zu lernen von den Buddhisten, die ihr ganzes Leben in diesem Erfahrungsraum zubringen, was es heißt, immer wieder unter der Zuchtrute des Durstes zur selben Quelle zu müssen in endlosem Kreislauf. Dass der Lebensdurst uns quält, weil er niemals zu sättigen ist, diese Erfahrung ist der Inbegriff des Buddhismus. – Und wie Mann und Frau einander suchen und dabei nach Gott verlangen, sich nicht vor ihrer Körperlichkeit und Sinnlichkeit fürchten, sondern sie in ihrem Verlangen durchseelen, bis dass sie anlangen an der Ewigkeit, dies ist der Weg des Hinduismus in seinen Mythen, seinen Gedichten, seiner Liebeslyrik und unvergleichlichen Poesie aller Naturkräfte im Menschen und rings um den Menschen. – Und das Warten, dass diese Geschichte sich erfüllt im Kommen des Messias und es bräche an ein wirkliches Reich Gottes unter den Menschen, ist das gesamte Erbe aus Judentum und Islam. Und dieser Religionen bedürften wir; sie wären keine Gegensätze, sondern sie müssten erklären, woran wir selber glauben, sie alle wären Stufen ins Heiligtum des Christus, dessen, der sagt: Ich bin. Und es ist eine Wirklichkeit ganz und gar gestaltet als Freiheit, als Person und bereit, einen jeden von uns bei der Hand zu nehmen, auf dass er werde wie Gott, eine Person in Freiheit, gegründet in Liebe, abhängig als Kreatur, aber berufen zur Unendlichkeit.

Zu Gott finden auf dem Weg der Erfahrung

Lasst euch das Herz nicht durcheinander bringen. Glaubt ihr an Gott? So glaubt auch an mich! Im Hause meines Vaters sind viele Bleiben. Wenn nicht, hätte ich dann zu euch gesprochen: Ich gehe hin, euch einen Platz zu bereiten? Und bin ich hingegangen und habe einen Platz euch bereitet, so komme ich abermals, um euch zu mir zu holen – damit: Wo ich bin, auch ihr seid. Und wo ich hingehe – ihr wisst den Weg.

Sagt Thomas zu ihm: Herr, wir wissen nicht, wohin du gehst – wie könnten wir den Weg wissen? Sagt Jesus zu ihm: Ich bin der Weg und die Wahrheit und das Leben. Niemand kommt zum Vater – außer durch mich. Wenn ihr mich erkannt, werdet ihr auch meinen Vater erkennen. Von nun an kennt ihr ihn, und ihr habt ihn gesehen.

Sagt Philippus zu ihm: Herr, zeige uns den Vater, und es ist uns genug. Sagt Jesus zu ihm: So lange Zeit bin ich bei euch, und du hast mich nicht erkannt, Philippus. Wer mich gesehen, der hat den Vater gesehen. Wie kannst du sagen: Zeig uns den Vater! Glaubst du nicht, dass ich in Eins mit dem Vater bin, und der Vater in Eins ist mit mir? Die Worte, die ich zu euch sage, sage ich nicht aus mir. Der Vater aber, der bleibend in mir ist, tut seine Werke. Glaubt mir, dass ich in Eins mit dem Vater, und der Vater in Eins ist mit mir. Wenn nicht, so glaubt um eben der Werke willen.

Wahr, ja wahr ist's, ich sage euch: Wer an mich glaubt, der wird die Werke, die ich tue, auch selber tun. Ja, größere als die wird er tun, weil ich zum Vater gehe. Joh 14,1–12

Manchmal muss man Worte malen, um sie zu verstehen, so wie manche Weinkenner behaupten, dass man einen edlen Wein nicht trinken dürfe, sondern »kauen« oder »beißen« müsse, um seine Qualität zu spüren. Die Worte aus der Abschiedsrede des Johannesevangeliums zu malen, das könnte die Gestalt einer orthodoxen Ikone annehmen. Es ist ein getragenes, feierliches Bild auf dem Goldglanzhintergrund des Göttlichen, aus dem heraus Jesus vor den Kreis seiner Jünger hintritt und zu ihnen spricht. Ganz deutlich ist seine Gestalt von ihnen bis zum Unbegreiflichen abgehoben, und es scheint förmlich tadelnswert, diesen Abstand auch nur zu spüren oder zu reklamieren. »Wie kannst du sagen …?« Ein geheimes Wissen wird da vorausgesetzt, das uns dennoch schwerfällt. Wir werden eingeladen, an einer Sphäre teilzuhaben, die die unsere sein soll und dann doch wieder nicht ist, und alles, was wir von Christus selber hören, ist in Aussagen beschrieben, die absolut sind, nicht weiter befragbar, einfach so gültig in Zeit und Ewigkeit. Man hört oft das Bekenntnis des Glaubens an Jesus Christus grad in dieser Formel zusammengefasst: »Er ist der Weg, die Wahrheit und das Leben.« Aber so ehrwürdig diese Sprache auch ist, so absolut sie klingt, sie bewahrt sich doch selber kaum davor, eine Rede der festgelegten Sicherheit zu werden. Es ist ein Gemälde, überzeitlich gültig quer durch die Jahrtausende, aber ähnlich fast auch unberührbar vom Gang der Zeit. Das Johannesevangelium spricht oft so, indem es Jesus sagen lässt: »Ich bin das Licht; ich bin das Brot, das vom Himmel kommt; ich gebe das Wasser, das sprudelt zu unendlichem Leben.«

Wer ist der, der so redet: Ich bin die Wahrheit? Wir sind heute sehr misstrauisch geworden gegen solche Sprache. Sie scheint uns wie eine Vorwegnahme aller möglichen Erfahrungen zu sein, ja wie ein Verbot, selber durch das Leben zu erfahren, was die Wahrheit ist. Mit anderen Worten: wir haben Schwierigkeiten mit dem Johannesevangelium, und wir haben Schwierigkeiten mit einer Theologie, die sich darauf beruft, indem sie seine Worte weiterredet. Vielleicht sollte man, wenn schon das Bild einer Ikone, dann dasselbe Gemälde eingeordnet in eine Landschaft darstellen. Es gibt vielleicht keinen Raum, der so sehr johanneischen Geist atmet wie eine Gegend in Anatolien, in der heutigen Türkei, im Nordosten der Stadt Kayseri. Dort in den Städten zwischen Güreme und Ürgüp hat vor Jahrtausenden der Auswurf eines Vulkans die Erde überschüttet, der Wind und der Regen aber haben sich in das Tuffgestein eingegraben und ganz bizarre Strukturen hervorgebracht. Auf der Flucht vor dem Islam haben im siebten, achten, neunten Jahrhundert Christen in dieser wilden, menschenunbewohnten Gegend Zuflucht gesucht und sich in das Tuffgestein Höhlen gebaut, Kirchen errichtet und Ikonen an die Wände gemalt. Irgendwo weiden Schafherden, und es ist der Klang ihrer Hufe, das Blöken der Tiere, manchmal der leise Schall eines Glöckchens, der durch die Stille geht. Menschen verirren sich selten in diese unwirtliche Gebirgsgegend, aber die Menschen, die dort gewohnt haben, wollten eigentlich nicht mehr auf Erden leben, sondern spürbar dem Himmel nahe sein. Ihre Tage vergingen wie in mönchischer Einsamkeit; man hütete die Tiere, man aß das Brot, man widmete die Stunden Gott, und es war, wie wenn die Zeit stillstünde und es keinen bemerkbaren Unterschied mehr gäbe zwischen Diesseits und Jenseits, zwischen Zeit und Ewigkeit, ja, man hört richtig, zwischen Leben und Tod. Eine Landschaft ist dies, getragen von einem über den Tod hinausgereiften Dasein, in welchem Leid und Schmerz sich verklären zu Freude und Glück, der Zweifel sich beruhigt in ein geborgenes Vertrauen und keine Angst mehr zu sein scheint. Das ist die Welt, von der Johannes eigentlich berichtet. Man kann von ihr keine historische Kunde geben, man muss sie wahrnehmen mit den Augen der Seele, mit der Spürkraft des Herzens, und dann sieht man einen Jesus vor sich, der buchstäblich über das Wasser von einer anderen Welt auf uns zukommt und uns einlädt, mit hinzugehen an einen unbekannten Ort jenseits der irdischen Erfahrung, um die paar Jahrzehnte, die wir hier sind, zu bestehen. Alles beginnt daher in diesem Evangelium mit einer sehr sanften und doch eindringlichen Aufforderung: Euer Herz möge nicht erschrecken, lasse sich nicht verwirren von Angst. Dies steht am Anfang. Ungeborgen inmitten einer feindlichen Welt vollbringen wir unser Dasein nur einen Augenblick lang. Und wie geht ein jeder von uns um mit der sichersten aller Tatsachen: eines baldigen Tages wird er sterben müssen, der Tod wird auf ihn zutreten? Im Kreis der Jünger war die Frage noch viel zugespitzter: Was wird aus einem Leben, dessen beste Antriebe, dessen größte Ahnungen, dessen Eintreten für göttliche Wahrheiten wie geschändet, wie verraten und vernichtet an den Boden gedrückt werden sollen? Wofür haben wir gelebt, wenn Gerechtigkeit nichts weiter ist als ein faules Wort im Munde der Regierenden, wenn das Sprechen von Wahrheit nicht nur in das Feld menschlichen Irrtums eingetaucht ist – das wäre normal –, sondern zynisch sich vertut, indem es zu einem Propagandamittel wird für die Ausbeutung von Menschen? Und was ist mit der Rede von Leben, wenn daraus ein Zwangskorsett verpflichtender Visionen wird, die man anderen aufnötigt, indem man ihnen das Leben stiehlt? Wofür hat man gelebt? Diese Frage ist so brennend in der Stunde des Abschieds.

Im Munde Jesu gibt es nur eine einzige Antwort darauf, an die er selbst geglaubt hat und die er uns vermitteln wollte: Der Tod hat nicht das letzte Wort, und es gibt ein Leben längst vor dem Sterben. Es gibt eine Wahrheit, die uns hilft, geborgen zu sein inmitten dieser so flüchtigen

Welt, indem wir gemeinsam hinübergehen, nicht in die Kammern des Todes, sondern in die Heimat des Göttlichen. Alle Zweifel richten sich dagegen, denn was wir zu sehen meinen, ist die Zerstörung, die Verwesung und das blanke Nichts vor uns und unter unseren Füßen. Wie lässt sich an die Verheißung eines anderen Seins jenseits der Grenze des Schmerzes glauben?

Nur ein einziges Zeugnis wird es vermögen, den Tod zu widerlegen, und es lebte in der Person des Jesus von Nazaret so dicht und nah, dass, wer es dort nicht begreift, es vielleicht nirgendwo sonst zu erfahren vermag. Nur das Zeugnis der Liebe wird uns belehren, dass wir angesichts des Todes etwas Unvergängliches sind, etwas Gewolltes, etwas, auf das es ankommt, etwas, das nicht zerstört werden kann, weil es von Gott her berufen und gemeint ist. Und seine Hände, die uns schufen, sind die Räume der Geborgenheit, die nicht vergehen. Kann man das beweisen? Ganz sicher nicht, aber man kann es *erleben*. Man kann spüren, dass die Liebe stärker ist als der Tod, indem sie eine Zuversicht schenkt, ein Denken formt, eine Aussicht vermittelt, die mit dem Tod sich nicht beruhigt. Und dann ist es möglich, mitten zwischen Ürgüp und Güreme, mitten im Tuffgestein eines ausgebrochenen Vulkans, Heimat zu finden – den Himmel nahe und einen Reichtum inmitten der Armseligkeit menschlicher Existenz finden und einen Schimmer von Freude, während wir noch gemeinsam über diese Erde gehen. Es ist möglich, so zu leben, dass es die Verstorbenen von den Lebenden nicht mehr trennt und sogar der Tod wie eine Tür ist und nicht einmal mehr eine Grenze. Wir sind als Christen gewöhnt zu sagen, dass wir wieder geboren seien durch die Taufe, hineingenommen seien in Tod und Auferstehung Jesu, aber bei Licht betrachtet, sind das alles Formeln fast ohne jede Erfahrung. Wie ist es, wenn wir so zu leben beginnen, dass der Tod uns nicht widerlegt, sondern jeder Augenblick eines ruhigen Vertrauens, einer sicheren Stille, eines mutig gewordenen wahrheitsliebenden

Daseins nichts mehr zu fürchten hat und es gar keinen Tod mehr gibt?

Noch die ersten drei Evangelien versichern, dass der Hinübergang zur Welt des Göttlichen im Zusammenbruch der bestehenden Ordnung, in der Vernichtung der irdischen Existenz besteht, lauter Bilder hereinbrechender Gewalt. Wie aber ist es, wenn der Tod sich auflöst und es gar keine Trennwand mehr zwischen Gott und den Menschen, zwischen jener anderen Welt und dem Ort, an dem wir heute stehen, gibt und wir so leben können, dass alles sich mitnehmen lässt, dass unser Leben wie eine verwandelte Ikone ist? Alles würde ein Symbol der Liebe, alles ein Austauschzeichen der Zärtlichkeit, alles begänne schon jetzt, und es gäbe keinen Tod mehr und keinen Winter, sondern jenseits der Nacht ein Licht, das nie mehr untergeht, ein Reifen, das nie mehr zerbrochen wird von der Schneekälte.

Nur wer sich darauf einlässt, wird es erkennen. Wir Christen sind so sehr gewöhnt, von Jesus zu behaupten: Er ist die Wahrheit. Wir brauchen dem Glauben kaum noch einen Inhalt hinzuzufügen, wir verabsolutieren eine Person, die wir selber *nicht* sind, und machen uns selber wichtig, die wir uns nach ihm benennen; worum es dabei geht, löst sich fast im Abstrakten auf, wir wissen nur das eine: wir sind im rechten Glauben. Ganz anders, schaut man genau hin, ist das Johannesevangelium wirklich. Ich bin, sagt Jesus, der Weg, und also gilt es, eine bestimmte Art von Leben zu leben. Nur wer dies probiert, verliert die Angst, er lernt die Liebe, er bringt in sein Leben so etwas wie einen Raum des Behütetseins, und es beginnt die Ewigkeit mitten in der Zeit, er wird spüren, was es heißt, *wirklich* zu leben, und er versteht mit einem Mal, dass die Wahrheit des Christus keinen bestimmten Inhalt hat. Es geht nicht darum, dies und das zu glauben, sondern darum, auf dem eigenen Weg als Erfahrung Wahrheit zu spüren. So ist wirkliches Leben, alles tritt ein in eine Ruhe, die nicht mehr zerstört werden

kann, in einen Frieden, den niemand zu rauben v
und es öffnet sich der Himmel, es trägt das Wasser, e
weich und warm die Erde, auf der wir stehen, und es hat das Zeugnis der Güte mehr Kraft als der Hass und alle Feindschaft.

Noch einmal gefragt: Woher gewinnen wir denn diese Kraft? Wir nennen sie Gott, wir nennen sie im Sprachgebrauch der Bibel den Vater, aber es ist im Johannesevangelium eine sehr tiefe, ganz zentrale Erfahrung, dass wir von Gott als dem Vater nicht ohne Weiteres sprechen können. Selbst wenn wir daran glauben, dass ein Gott sei, der die Welt gemacht hat – was wissen wir denn von dem Gott der Schöpfung? Er ist uns in Jahrmilliarden des Raums und der Zeit weit ferngerückt und übersteigt jede Vermutung, jedes Denken, jede Vorstellung von uns Menschen. Gott, sagt das Neue Testament einmal, wohnt in einem unzugänglichen Licht. Das ist ganz wörtlich wahr, so dass wir von ihm so wenig zu sehen vermögen, wie wenn wir unsinnigerweise ungeschützten Auges in die Sonne schauen wollten; wir würden sehr bald einfach erblinden, und zwischen Licht und Finsternis wäre kein Unterschied mehr für unser Wahrnehmungsvermögen. Darum ist dieses Wort des Johannesevangeliums aus dem Munde Jesu so außerordentlich wichtig. Es gilt, einen Menschen zu sehen, in dem etwas von Gott erscheint. Es gilt an unserer Seite etwas zu entdecken von der Geschwisterlichkeit und der Menschenliebe, nur so begreifen wir Gott, so beansprucht es Jesus für sich. Es ist eine Art, die Menschen zu sehen im Schimmer der Ewigkeit, so eingetaucht im Frieden des Göttlichen, so hinübergenommen in die Angstfreiheit eines Vertrauens, das sich auf Erden nie rechtfertigen könnte, dass umgekehrt in der Person des Jesus von Nazaret alles das deutlich wird, was für uns Menschen auf dem kleinen Planeten Erde von Gott her jemals sich begreifen lässt. Es sind ganz und gar menschliche Erfahrungen, aber sie können uns eben deshalb nur geschenkt werden durch einen Menschen, so dass wir von dem Gott, der unser Vater ist, nur eine Ahnung gewinnen können durch einen Menschen an unserer Seite, der ist wie ein Bruder, wie eine Schwester, einzig so. Das ist der Weg des Jesus von Nazaret, seine ganze Wahrheit und das, was er uns als Leben schenken wollte. Dann gibt es ein Vertrauen, zu dem er uns einlädt, wenn wir ihn sehen: wenn wir in die Liebe eintauchen würden, begriffen wir das Geheimnis der Welt, wir sänken immer tiefer in das Zentrum der Erde, unterhalb noch des Grunds aller Dinge, und würden auf die Frage, warum etwas ist, nichts anderes zu antworten wissen als: aus einer reinen Liebe, die gewollt hat, dass es existiert. Mehr brauchen wir nicht zu wissen.

Ein Versprechen gilt, das Jesus an dieser Stelle noch gibt: er werde alles wirken, worum wir in seinem Namen bitten. Es ist eine fast vermessene Verheißung, ein fast sinnloses Versprechen, denn wie oft haben Menschen gebeten und das Erbetene nicht erhalten. Aber wäre es möglich, wir flehten immer wieder zu diesem unbekannten Geheimnis, das Jesus seinen und unseren Vater zu nennen wagt, und wir erhielten wirklich, worum wir flehen? Nicht die Dinge, die wir nötig haben, sind das Wichtige, sondern dass wir das Wesen Jesu bei jedem Sprechen mit Gott tiefer in uns einlassen und lernen, uns in seinem Namen mit dem Hintergrund der Welt, mit dem, was uns umgibt, und dem Geheimnis, das in uns lebt, immer wieder ins Gespräch zu begeben, und es läuterten sich all unsere Wünsche und es träte am Ende nichts ein als der Friede eines Einverständnisses, der unzerstörbar wäre. Wie immer Sie dann Jesus von Nazaret nennen, den Frieden, die Ruhe, den tragenden Grund, den Begleiter, den Bruder, die Schwester, die umgebende, begleitende Hand, das Licht im Dunkel, den Traum in der Nacht, oder ob Sie ihn mit den Bildern des Johannesevangeliums das Brot, das vom Himmel kam, den wahren Weinstock, den Hirten, das Wasser des Lebens nennen – es gilt, das Gemälde der Ikone von Ürgüp weiterzumalen im Leben eines jeden. Und es gilt zu entdecken, dass ein jeder lebende Mensch, offen für die Liebe, ein Stück von dem lebendigen Bild Gottes auf Erden ist. Nur deshalb heißen wir Christen.

Dass Gott in unserem Herzen lebe

Ich bin der wahre Weinstock, und mein Vater ist der Winzer. Jede Rebe an mir, die keine Frucht trägt: Die reißt er weg. Und jede, die Frucht trägt: Die reinigt er, dass noch mehr Frucht sie trage. Schon seid ihr rein – kraft des Wortes, das ich zu euch gesagt habe. Bleibt in Eins mit mir, und ich in Eins mit euch. Wie die Rebe aus sich nicht Frucht tragen kann – es sei denn, sie bleibe am Weinstock –, so auch ihr nicht; es sei denn, ihr bleibt in Eins mit mir. Ich bin der Weinstock, ihr seid die Reben. Wer in Eins mit mir bleibt, wie ich in Eins mit ihm: Der trägt viel Frucht. Denn ohne mich vermögt ihr nichts zu tun. Wenn einer nicht in Eins mit mir bleibt, so wird er hinausgeworfen wie die Rebe und verdorrt. Und die sammelt man und wirft sie ins Feuer; und sie verbrennt. Wenn ihr in Eins mit mir bleibt, und meine Worte in euch bleiben, so erbittet, was ihr wollt, es wird euch geschehen. Dadurch wird mein Vater verherrlicht, dass viel Frucht ihr tragt und meine Jünger werdet.

Wie mich der Vater geliebt, so habe auch ich euch geliebt. Bleibt in meiner Liebe. Wenn meine Weisungen ihr wahrt, dann bleibt ihr in meiner Liebe – wie ich meines Vaters Weisungen gewahrt, und in seiner Liebe bleibe. Das habe ich zu euch gesagt, dass meine Freude in euch sei und eure Freude sich vollende. Das ist meine Weisung: Liebt einander, wie ich euch geliebt! Größere Liebe hat keiner, als wer sein Leben gibt für seine Freunde. Ihr seid meine Freunde, wenn ihr tut, was ich euch weise. Nicht mehr Knechte nenne ich euch, denn der Knecht weiß nicht, was sein Herr tut. Euch aber habe ich Freunde genannt, denn alles, was ich gehört von meinem Vater her: Euch habe ich es kundgetan. Nicht ihr erwähltet mich, sondern ich erwählte euch.

Und ich habe euch bestellt, dass ihr hingeht und Frucht tragt und eure Frucht bleibt; auf dass, was ihr vom Vater erbittet, er euch gebe – in meinem Namen. Joh 15,1–16

Man kann aus den Worten dieses Evangeliums die drohenden Untertöne heraushören und stark akzentuieren. Dann scheint der Text dazu gemacht, den Menschen Gott gegenüber zu verkleinern und ihn zu warnen und einzuschüchtern. »Ohne mich vermögt ihr nichts zu tun« heißt dann: Gott ist alles, ihr aber seid gering, und euer Dasein reduziert sich auf ein Nichts. »Weggerissen« und »ins Feuer geworfen« zu werden meint dann eine ewige Todesstrafe für jede Abweichung. Und in dieser Art könnte man fortfahren.

Unzweifelhaft aber sind die Worte des Johannesevangeliums nicht so gemeint. Wohl ist Gott alles, und wir Menschen sind gering. Aber unsere Größe und Würde liegt darin, dass wir mit Gott verbunden sind und dies in unserem Leben auch wissen können.

Wir Menschen sind im Grunde die einzigen Wesen der Erde, die mit Bewusstsein spüren und merken können, dass in ihnen etwas lebt aus dem Strom der Unendlichkeit. Wir sind die einzigen, die bewusst reflektieren können, dass es in uns Anlagen, Fähigkeiten, Berufungen gibt, die einmalig und unvertauschbar sind und vom Ursprung her eine absolute Bedeutung und Auszeichnung besitzen. Verbunden mit Gott, ist unser Leben dazu bestimmt, reich und groß zu werden, und die einzige Frage ist, wie wir in unserem Ursprung verankert bleiben.

Es verdient große Beachtung, dass schon in den ersten drei Evangelien Christus selber, wenn er vom Verhältnis von Gott und Mensch spricht, im Grunde immer wieder Gleichnisse des Wachstums gebraucht, sozusagen organische Bilder. Er tut das, wie um uns vor jeder Art der Gewalttätigkeit im Umgang mit uns selber zu warnen.

Alles, was Jesus verkörpert und sagt, ist so ganz anders als die Aufrufe fanatischer Propheten und asketischer Heroen. Für Christus wird das Himmelreich nicht erkämpft und erobert, indem man wie die Titanen Berge aufeinander schichtet, um den Himmel zu stürmen. Wenn Christus von der Macht Gottes in unserem Leben spricht, sagt er gern: Es geht dabei zu wie mit einem Senfkorn, das winzigklein ist, und man möchte darauf nicht eine Kopeke verwetten. Und trotzdem wächst es heran und wird groß, dass die Vögel des Himmels darin ihre Nester bauen können. Oder es geht zu wie bei einem Landmann, der gesät hat. Er selber weiß nicht, wie es heranreift, er sieht es nur tagaus, tagein. Ohne sein Zutun wächst die Saat. So einheitlich, so harmonisch verbunden sollten wir unser Verhältnis zu Gott denken. Wir sollten die Angst verlieren, die uns immer wieder zwingt zu sagen: »Wir aber packen's, wir schaffen's, wir machen's, und wir müssen's machen.« Die einzige Aufgabe, die wir hätten, bestünde grade darin, diese Kraftanstrengungen der Verzweiflung sein zu lassen und ein tieferes Vertrauen zu lernen. In Wahrheit lebt in unserem Herzen alles, was Gott darin zu sagen hat; wir sollten uns nicht aus Angst und Enge verschließen, sondern uns öffnen für das, was wirklich in uns leben will. Mehr ist durchaus nicht nötig, als Gott nicht zu hindern, der in uns Gestalt und Reifung nehmen will.

Deswegen sind die beste Erklärung zu dieser Stelle aus dem Johannesevangelium vom Weinstock und den Reben wohl die Worte der Lesung aus dem ersten Johannesbrief: »Brüder, lasst uns das Herz beruhigen in Gott, denn selbst wenn unser Herz uns anklagt, ist doch Gott größer als unser Herz, und Er weiß alles.«

Auch aus diesen Worten kann man einen Alptraum entwickeln, das Bild von dem Gott, der alles weiß. Man kann es benutzen, um aus Gott einen Oberaufseher zu machen, der uns kontrolliert, belauscht, verfolgt, der uns ständig auf der Spur ist. Dabei ist in Wahrheit dies unser wichtigster Trost, unsere stärkste Zuversicht: dass, wenn wir schon nicht ein noch aus wissen, Gott es wissen wird. Wenn wir uns verurteilen, ist es sehr selten unser Herz, das dies tut. Meistens ist es das Arsenal der gespeicherten Vorurteile in unserem Überich, das wie zwanghaft immer wieder nach den gleichen Standards, den gleichen Regeln, den gleichen Anweisungen auf uns einhämmert. Selten sind wir fähig, uns in unserem Herzen anzuklagen. Und wenn dies geschieht, dass wir wirklich innerlich spüren, in unserer Vergangenheit liege vieles, für das wir uns schämen müssen, ist gerade dieser Eindruck eines Herzens, das sich selbst verurteilt, oft menschlich das Größte, das wir sehen können. Mitunter kann man einem anderen dies wirklich nicht abnehmen, weil die Gründe, weswegen er sich schämt, wohl stimmen mögen. Aber dass er ein Herz besitzt, sich dafür anzuklagen, dies können wir an ihm am höchsten schätzen, dies ist am meisten an ihm zu bewundern. Nur dass das Schamgefühl niemals dahin gelangen sollte, rundum das ganze Dasein anzuklagen und schuldigzusprechen. Es gibt auch Auswüchse des Guten, die dadurch nicht besser, sondern schlechter werden. Wohl kann es uns scheinen, als ob unser ganzes Leben verfilzt wäre, durchwachsen wäre von allen möglichen Trieben des Bösen. Wenn immer uns dies so erscheinen mag, sollten wir an jenes Wort des ersten Johannesbriefs denken. Wie wenig wissen wir von unserm Leben wirklich. Wie wenig verstehen wir von uns. Und selbst wenn wir's mit Händen glauben greifen zu können, was darin falsch war, selten ist die Sprache der Anklage die Sprache der Wahrheit.

»Gott weiß alles« sagt diese großartige Stelle des Johannesbriefs. Man müsste hinzufügen: »Er weiß vor allem, wie du geprägt wurdest, mit welcher Hypothek du ins Dasein kamst, deine Kindheit verlebt hast, heranwachsen musstest: Das meiste davon wird dir verborgen sein und unbewusst, aber dein Schöpfer weiß gerechter zu urteilen als du selber. Er sieht dich nicht bei den Taten, die du vollbringst, er sieht dich in deinem Wesen und in deinem Dasein. Er sieht dich an mit Augen der Güte, denn er hat dich geformt aus Liebe. Er sieht dich an mit Augen der Geduld, denn er hat eine ganze Ewigkeit darauf gewartet, dass du ins Dasein kamst, und er möchte, dass du gleichermaßen dich sehen lernst mit Augen der Güte und Geduld. Und weil er dich in jeder Faser kennt und jede Herzensregung weiß, noch ehe du sie selber merkst, kannst du darauf vertrauen: Er wird sein Wissen niemals einsetzen, um es gegen dich zu verwenden. Er möchte nur, dass du allmählich und langsam selber an Verständnis für dich reifst. Denn dass Gott größer ist als dein Herz, kann uns bestimmen, selber weitherziger und großzügiger zu werden, uns selber gegenüber und dann auch allen anderen.«

Wann immer wir dies tun, öffnen wir uns mehr dem Wurzelgrund unseres Daseins, reift die Frucht mehr. Es mag dann sein, wir fühlen uns oft kleiner, oft wie von außen ganz und gar zurechtgestutzt, und doch ist dies Zurückschneiden wie ein Versammeln der Kräfte in der Tiefe, wie der Beginn größerer Reifung. So endet dieses Evangelium mit einer großartigen Versicherung: »Um was immer ihr bitten werdet, das wird Gott euch tun.« Es ist wie das Versprechen, wie die Aussicht, eines Tages möchte in unserem Herzen nur noch leben, was von Gott ist. Alles, worum wir dann zu beten haben, ist, dass Gott sich in unserem Leben selber aussprechen möge wie in einem Gebet, und dies werde uns erfüllt. Es sind niemals *Dinge,* worum wir wirklich leidenschaftlich bitten, es ist im Grunde unser Dasein-Dürfen, ganz, wie Gott es will. Und er steht bereit, uns dies zu gewähren.

12.5.25
4 Tage, neuer Papst
→ Franziskus!